CRECIENDO EN SANTIDAD

"No hay nada más crítico que la prioridad de la santificación en la vida de la iglesia. En estos días, resulta popular atribuirle gran importancia a la justificación, lo que nuestro Dios soberano hace por unos pecadores indignos. Pero existe una indiferencia generalizada hacia la doctrina de la santificación, lo que el creyente persigue para honra de nuestro Dios, quien todo lo merece. Jamás ha vivido alguien más preparado para tratar esto que R. C. Sproul. Es maravilloso pensar que ahora está experimentando la glorificación, a la vez que sigue hablándonos de la santificación".

John MacArthur, pastor-maestro, Grace Community Church; presidente, The Master's University and Seminary

"Nadie ha sido usado de un modo tan poderoso en los últimos años para producir un resurgimiento en el conocimiento de la santidad divina que R. C. Sproul. En su libro *Creciendo en santidad,* este brillante teólogo nos proporciona una instrucción muy necesaria sobre nuestra búsqueda personal de este atributo. Escrito con el ingenio típico de Sproul, sencillamente es un libro que debes leer".

Steven J. Lawson, presidente, OnePassion Ministries; miembro de la junta, Ligonier Ministries; profesor, The Master's Seminary

"Leer a R. C. Sproul es siempre como estar en una habitación cuando se encienden las luces: todo se vuelve claro de repente. Este libro es un hermoso ejemplo de ello. Con una sabiduría intensa y un estilo ligero y fresco, elimina la confusión y abre extensas perspectivas que se internan en las dulces verdades del evangelio y sus implicaciones para nuestras vidas. Los jóvenes cristianos deberían leerlo y obtener claras orientaciones para una vida productiva; los cristianos maduros deberían leerlo también y sentirse renovados. No me cansaré de recomendarlo; es de lectura obligada para todos nosotros".

Michael Reeves, presidente y profesor de Teología, Union School of Theology

CRECIENDO EN SANTIDAD

El papel que juega Dios y
el papel que juegas tú

R. C. SPROUL

EDITORIAL
PORTAVOZ

Título del original: *Growing in Holiness* © 2020 por The R. C. Sproul Trust y publicado originalmente en inglés por Baker Books, una división de Baker Publishing Group, Grand Rapids, Michigan, 49516, U.S.A. Todos los derechos reservados.

Edición en castellano: *Creciendo en santidad* © 2021 por Editorial Portavoz, filial de Kregel Inc., Grand Rapids, Michigan 49505. Traducido con permiso. Todos los derechos reservados.

Traducción: Loida Viegas

EDITORIAL PORTAVOZ
2450 Oak Industrial Drive NE
Grand Rapids, Michigan 49505 USA
Visítenos en: www.portavoz.com

ISBN 978-0-8254-5961-0 (rústica)
ISBN 978-0-8254-6897-1 (Kindle)
ISBN 978-0-8254-7745-4 (epub)

3 4 5 edición / año 30 29 28 27 26 25 24 23

Impreso en los Estados Unidos de América
Printed in the United States of America

Contenido

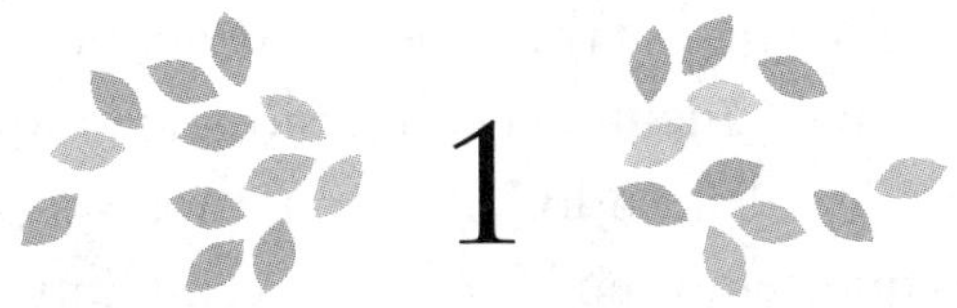

Avanzando hacia la meta

Saber hacia donde uno se dirige es crucial, pero también lo es ser consciente de cómo llegar allí. Cuando aceptamos la enseñanza bíblica de que Dios nos creó para que pudiéramos alabarle mediante una vida santa, resulta tentador buscar soluciones rápidas. Una de las cosas que más me irritan es oír a los cristianos pronunciar frases como "Ven a Jesús y todos tus problemas se acabarán". ¿En serio? Mi vida no se volvió realmente complicada *hasta* que me hice cristiano.

Cuando pienso en los días previos a mi conversión, en cierto sentido, aunque carente de cualquier significado o relevancia, mi vida era mucho más sencilla. La mayor parte del tiempo sabía lo que quería hacer. Había logrado cauterizar mi conciencia a tal punto que podía divertirme sin sentirme demasiado apesadumbrado o sin demasiado remordimiento al respecto. *Pero con el nuevo nacimiento del alma humana también llega el nuevo nacimiento de la conciencia humana.*

La persona que ha venido a Cristo se toma la vida ahora más en serio. Empezamos a actuar de este modo, porque entendemos que se trata, desde luego, de un empeño importante. Tristemente, la conversión no aniquila nuestra propensión al pecado. Los cristianos son como los personajes que vemos en los cómics: están implicados en una batalla moral, con un ángel sobre un hombro y el diablo sobre el otro. Nos cuesta elegir y cada uno tiene una enorme influencia sobre nosotros.

La vida cristiana es, sin duda, un asunto complicado. Con toda certeza, Dios nos ayuda a crecer por medio de la gracia que nos provee en abundancia. No obstante, un gran crecimiento exige un esfuerzo tremendo.

Recuerdo aquellas primeras semanas que siguieron a mi conversión, cuando leí toda la Biblia de principio a fin como si de una novela se tratara. Jamás olvidaré el impacto que tuvo sobre mí leerla de esa manera. Fue muy poco lo que entendí, pero aun así tuvo una influencia abrumadora sobre mí.

Sin embargo, yo sufría y estaba angustiado porque, conforme la leía, en particular el Antiguo Testamento, pensé: "¡Ay! Este Dios se toma las cosas muy en serio. Si voy a ser cristiano, tendrá que ser todo o nada". No sé por qué, pero uno de los primeros libros que escogí para estudiar en profundidad fue Filipenses. Recuerdo leer la epístola y tropezarme con este pasaje: "Ocupaos en vuestra salvación con temor y temblor, porque Dios es el que en vosotros produce así el querer como el hacer, por su buena voluntad" (Filipenses 2:12-13).

Esos versículos me resultaron gravosos, porque empecé a ver que el crecimiento espiritual es algo que, en última instancia, se apoya en la gracia de Dios. Él está obrando en nosotros, a través de nosotros y con nosotros. Pero, al mismo tiempo, existe la advertencia de que nos esforcemos en nuestra salvación. Ya entonces comprendí que el crecimiento espiritual, ese progreso en la vida cristiana, es cuestión de esfuerzo, de trabajo duro. Podría ser una labor de amor, sin lugar a duda, pero, bajo la inspiración del Espíritu Santo, el apóstol Pablo escoge con cuidado y con toda precisión esa palabra: ocupaos.

La santificación no es un esfuerzo casual. Pablo nos señala que nos esforcemos en nuestra salvación con temor y temblor. Ahora bien, no estamos hablando del temor y el temblor de aquel que se acobarda en la oscuridad porque se siente totalmente intimidado o por algún tipo de fobia paralizante. En su lugar, se está refiriendo a una labor de cuidado y preocupación, de diligencia, que debemos tomarnos muy en serio, hasta el punto de temer y temblar. No nos estremecemos antes nuestros adversarios humanos por el miedo. Temblamos delante de Dios, y lo hacemos con esperanza, sabiendo que Él está obrando en nosotros. Actuamos porque Él obra en nosotros para que actuemos.

En mi primer estudio del libro de Filipenses recuerdo haber marcado este relevante pasaje:

No que lo haya alcanzado ya, ni que ya sea perfecto; sino que prosigo, por ver si logro asir aquello para lo cual fui también asido por Cristo Jesús. Hermanos, yo mismo no pretendo haberlo ya alcanzado; pero una cosa hago: olvidando ciertamente lo que queda atrás, y extendiéndome a lo que está delante, prosigo a la meta, al premio del supremo llamamiento de Dios en Cristo Jesús (Filipenses 3:12-14).

Como cristiano nacido de nuevo, aquellos versículos fueron como un balazo entre los ojos. El apóstol Pablo, el mayor santo de la iglesia primitiva, declara a su congregación: "Todavía no he alcanzado la meta. No lo he logrado. No soy perfecto aún". Y ahí estaba yo, con mi impaciencia. Llevaba tres o cuatro meses de cristiano y no podía entender por qué no había cruzado todavía la línea de meta. Pero el apóstol Pablo muestra cómo este peregrinaje es algo que dura toda nuestra vida. Aquello me resultaba difícil.

Consideremos las diversas clases de corredores. Unos se dedican a los cien metros planos mientras que otros corren maratones. Cada actividad exige una psicología completamente distinta. Yo opto por las distancias cortas, no las maratones. Yo preferiría abordar tareas de menor envergadura con un principio y un final claramente definidos en lugar de proyectos que duran varios años. Me gusta poder ver la línea de meta y darlo todo en un breve estallido de energía para llegar al final.

Sin embargo, la vida cristiana no funciona así. Es una maratón. Tienes que aprender la perseverancia. Tienes que seguir avanzando. Tienes que saber cómo proseguir en la labor. Por esta razón sentí la intensidad de las palabras paulinas cuando las leí con cuidado: "No es que lo haya logrado aún ni que ya sea perfecto, sino que sigo esforzándome". Sencillamente, no es que *continuamos*, sino que *perseveramos*.

El término griego traducido aquí "esforzándome" indica emplear fuerza, presión. ¿Cómo se aplica esto, pues, a nosotros? Tendemos a vivir pasando de una altura espiritual a otra. Esperamos ser santificados en amplias dosis, y todo de repente. Queremos relajarnos y celebrar la victoria en los cien metros planos. Pero la vida cristiana es distinta. Realizas prueba de los cien metros, pero, nada más traspasar la cinta, estás exhausto. Caes al suelo jadeante, respiras con dificultad. Pero entonces, lo primero que oyes es: "¡En sus marcas, listos, ya!", y tienes que hacerlo de nuevo. Debes seguir esforzándote.

No acabamos esta carrera con rapidez, y esto resulta desalentador. Pero observa *por qué* persevera Pablo: "Prosigo a la meta, al premio del supremo llamamiento de Dios en Cristo Jesús" (Filipenses 3:14). Es como si diera su testimonio: "Estoy tomando parte en una carrera por el cielo. Corro por el premio que el Padre ha reservado para su pueblo desde la fundación del mundo. Voy a lograr aquello que Cristo consiguió para mí. Él me ha poseído para que yo pueda poseer el cielo. Para que yo pueda recibir el tesoro que Él ha guardado en el reino de su Padre".

Pablo continúa: "No pretendo haberlo ya alcanzado; pero una cosa hago: olvidando ciertamente lo que queda atrás..." (Filipenses 3:13). Pablo no tenía tiempo que perder pensando obsesivamente en sus fracasos. Su preocupación siempre era el paso siguiente. Su visión estaba fijada en el cielo.

Dios nos está llamando, incluso ahora. Solemos pensar que nos llama a hacer esta tarea o aquella, a vivir en esta o aquella ciudad. Y estas realidades son verdad. Pero más aún, Cristo está de pie en el cielo y nos invita a venir a Él. Hemos de mantener nuestra visión precisamente en esto: en la línea de meta, en el punto final, que es donde se fijan con exactitud los ojos de Pablo. La recompensa por todo el dolor que hay en nuestras almas y por perseverar con paciencia es Cristo mismo. Él es la razón por la que nos esforzamos y avanzamos hacia el objetivo.

En las Escrituras se describe con frecuencia la promesa del cielo como entrar en el reposo, porque existe un agotamiento de nuestras almas que solo se puede curar con el descanso. Por eso adoramos. Por eso leemos la Palabra de Dios. Por eso nos reunimos con el pueblo de Dios. Para poder reposar y refrescarnos. Después proseguiremos con nuestro esfuerzo. Nos ocuparemos de nuestra salvación.

Como el corredor debe tener oxígeno para poder seguir avanzando, nosotros precisamos los medios divinos de gracia para mantener nuestras almas renovadas. Necesitamos la fuerza que procede de la gracia divina, que experimentamos cada vez que entramos a su presencia. Necesitamos las oraciones, la rendición de cuentas y la comunión con otros creyentes. Precisamos a otros cristianos, tal como ellos nos necesitan a nosotros (1 Corintios 12:21).

Recordemos nuestro propósito

Si queremos experimentar una mayor semejanza a Cristo, es necesario planear el crecimiento de forma intencionada.

Si queremos crecer en santidad, hemos de empezar con nuestro Hacedor, Diseñador y Sustentador. Conocer nuestro destino da forma a cada tramo de nuestro viaje. Crecer en santidad supone un estándar por el cual vivir. También da por sentado que existe Aquel que exige semejante pauta. De modo que empezamos con Dios como Creador y Redentor a la vez.

La actividad divina en la redención no fue un pensamiento tardío. Él planeó redimir al mundo incluso antes de que este existiera. Prometió "vida eterna" a sus propios hijos "*antes* del principio de los siglos" (Tito 1:2). Por otra parte, "nos salvó y nos llamó con llamamiento santo… por el propósito suyo y la gracia que nos fue dada en Cristo Jesús antes de los tiempos de los siglos" (2 Timoteo 1:9). Esto significa que, desde toda la eternidad, Dios sabía que iba a crear, que se produciría una caída y que redimiría a su pueblo. Su intención es que toda la creación avance hacia la gloria del Creador. Y esa gloria se ve de un modo maravilloso en su obra de redención.

Con este fin en mente, ¿cómo creó Dios el mundo? Y, ¿por qué lo hizo como lo hizo? Cuando leemos el relato de la creación en Génesis 1–2, observamos que existe un tipo de movimiento jerárquico en su estructura. Va de menor a mayor, de los objetos inanimados de la naturaleza a la vida vegetal, a la vida animal, a la creación de la raza humana. Se diría que se trata de una progresión creciente.

Sin embargo, la noción con la que me encuentro más a menudo en la iglesia es que la creación alcanza su punto cumbre el sexto día, cuando Dios crea al hombre, el portador de su imagen, y le proporciona dominio sobre toda la tierra. Y, ciertamente, en esa estructura ordenada de Génesis vemos que la progresión alcanza su punto álgido ese sexto día.

No obstante, existe gran peligro en considerar el sexto día como la cúspide de la creación, porque el relato no acaba en ese momento. La creación no se realizó en seis días. Fueron siete. Y si nos estamos moviendo en un *crescendo* cada vez mayor, debemos entender que el punto culminante, la cúspide, no es el sexto día. Es el séptimo. El séptimo día es el punto más alto de la creación.

Ahora bien, ¿qué ocurre el séptimo día? En Génesis 2:1-3 leemos: "Fueron, pues, acabados los cielos y la tierra, y todo el ejército de ellos. Y acabó Dios en el día séptimo la obra que hizo; y reposó el día séptimo de toda la obra que hizo. Y bendijo Dios al día séptimo, y lo santificó, porque en él reposó de toda la obra que había hecho en la creación".

Observa dos ideas conmigo. Primero, Dios descansó el séptimo día. Segundo, Dios santificó, apartó o consagró el séptimo día. Eso significa que Dios escogió un día y lo apartó de los demás. Esa jornada se convirtió en un día santo. Desde entonces, la vida de la raza humana ha seguido el patrón de un ciclo de siete días. ¿Por qué lo estructuró Dios de esta forma?

Por supuesto, existe un propósito funcional o utilitario para la humanidad, para el ganado y para toda la tierra. Junto con los animales y la tierra, el ser humano tiene ahora la oportunidad de descansar del esfuerzo y del trabajo. Existe un periodo regular de reposo y renovación. Sin embargo, el séptimo día no solo fue apartado para descansar de la faena. Es, asimismo, el momento de una consagración especial para que el pueblo se reúna con el propósito de alabar a Dios en su majestad y santidad.

Además, conforme los cristianos de hoy siguen experimentando y honrando el ciclo de siete días, se nos conduce a mirar en retrospectiva con admiración y gratitud en la creación, a la vez que se nos apunta a la meta final tanto de la creación como de la redención. Cada día de reposo esperamos ese momento cuando el reino de Dios sea plenamente consumado y nos unimos a la asamblea de los santos en el cielo.

Como enseña Hebreos 12:23, nos dirigimos a "la congregación de los primogénitos que están inscritos en los cielos". Cristo está estableciendo su reino, y un día su pueblo entrará en ese reposo. Ingresaremos en ese estado perfecto de la glorificación. Cada traza de pecado que permanezca será eliminada de nosotros, y seremos hechos completamente santos. A continuación, el propósito de la creación se cumplirá en el cielo. Entraremos en nuestro reposo y el proceso de nuestra santificación se completará.

Por consiguiente, al contrario de lo que enseñan los filósofos seculares respecto a que no hay nada más alto en el universo que la humanidad, la Palabra de Dios describe nuestra relevancia apropiada. El relato de la creación está ciertamente estructurado en orden de importancia ascendente, pero la creación de la humanidad no es lo último. Es lo penúltimo. No podemos detenernos en el sexto día. Debemos llegar a la séptima jornada y ver que el objetivo de la creación es la santidad del día de reposo para la gloria de Dios.

Y todo culmina con Cristo: "todo fue creado por medio de él y para él" (Colosenses 1:16). Eso incluye a las personas. De forma exclusiva, Dios creó a la humanidad a su propia imagen y semejanza.

¿Ser hecho a su semejanza significa que Dios tiene cuerpo, dos piernas, dos brazos, dos ojos, etc.? No, de ninguna manera. No somos la imagen física de Dios. Y, por supuesto, las personas tienen una mente y una voluntad igual que Él. Pero la idea principal de ser hecho a la imagen de Dios es aún mayor. ¿Cuál es el propósito de una imagen sino replicar y reflejar otra cosa aparte de sí misma? Si leemos con cuidado el Antiguo Testamento, vemos que el propósito de la vida humana es replicar y reflejar el carácter mismo de Dios.

Dios es santo, y debemos irradiar esa santidad para que toda esta obra de crecimiento en santificación sea un desarrollo en santidad. Es un crecimiento en nuestro interior, no solo de redención, sino de avance hacia el cumplimiento y la consumación del propósito mismo de nuestra creación. Fuimos hechos para glorificar a Dios y dar testimonio a todo el cosmos sobre su carácter. Él exige a su pueblo: "Sed santos, porque yo soy santo" (1 Pedro 1:16, que cita Levítico 11:44-45).

Dios nos ha dado una señal trascendente del objetivo de nuestra redención en la institución misma del día de reposo o *Sabbat*. Por tanto, cada día de reposo, adopta la práctica de pensar en por qué existe ese día. Pregúntate: "¿Cuál es ese descanso que mi corazón anhela?". El *Sabbat* apunta al día cuando Dios eliminará toda nuestra intranquilidad y nos dará la bienvenida a su descanso eterno. Lo veremos tal como Él es. Seremos santos e irreprochables a sus ojos. Le alabaremos por toda la eternidad. Por tanto, así como Dios tiene el propósito de glorificarse por medio de nuestras vidas en la redención, también vemos este mismo objetivo en la creación.

Planear el crecimiento

Me suelen hacer con frecuencia esta pregunta: "¿Cómo sé cuál es la voluntad de Dios para mi vida?". Es una interrogante importante y comprendo las luchas que subyacen a esta pregunta. Podríamos entrar en todas las ramificaciones de discernir los aspectos específicos de la voluntad divina para nuestras vidas, pero mi respuesta típica es: "Deberíamos preocuparnos más por la voluntad *suprema* de Dios para nuestras vidas, porque las Escrituras nos señalan que nuestra santificación —nuestro progreso en santidad y pureza— es lo que Él quiere para nosotros" (cp. 1 Tesalonicenses 4:3).

Vivimos en un entorno tan orientado a las obras que tendemos a pensar que debemos acumular todo tipo de logros para agradar a Dios. Con esto no pretendo denigrar en modo alguno la importancia de nuestras obras, por supuesto. Se nos ha llamado a hacer buenas obras para Dios y a tener celo por realizarlas (Tito 2:14). Pero existe un cierto sentido en el que a Dios le preocupa mucho más lo que *somos* que lo que *hacemos*. Él busca mayor carácter cristiano y piedad, ya que estamos siendo moldeados y conformados a la imagen de Cristo (Romanos 8:29).

Casi al final de su vida, el apóstol Pablo le escribió a su

El propósito de
la vida humana
es replicar y
reflejar el carácter
mismo de Dios.

amigo Timoteo: "He peleado la buena batalla, he acabado la carrera, he guardado la fe" (2 Timoteo 4:7). Sabía que estaba a punto de cruzar la línea de meta.

Ahora bien, el concepto mismo de la línea de llegada usa ese término "meta". Diversos negocios y organizaciones redactan cuidadosas declaraciones de objetivos para establecer el porqué de su existencia. La razón misma de su ser, lo que están intentando lograr, está encapsulado en el término "objetivo". Se preguntan: "¿Cómo puedo desarrollar una estrategia para alcanzar o conseguir nuestro propósito?". Así, empiezan estableciendo objetivos y metas, maneras de ayudarse a llegar al lugar donde quieren ir.

Como si de una organización se tratara, tu propósito es la razón dominante de tu existencia. Consiste en que te preguntes: "¿Cuál es el único logro que estoy intentando alcanzar en mi vida?". Bajo tu propósito o fin se hallan diversas metas y objetivos que estableces para que te ayuden a sentar las bases del éxito. Sin embargo, con frecuencia nos proponemos metas demasiado grandes o pequeñas. Si nos *sobre*estimamos, nos desalentamos cuando no alcanzamos el objetivo. Con solo señalarnos unas aspiraciones más realistas evitaríamos el desengaño. Del mismo modo, si *sub*estimamos nuestra meta, nos aburrimos cuando la alcanzamos con demasiada facilidad, y esto se podría eludir estableciendo un objetivo que suponga un reto superior.

Por consiguiente, debemos ponernos metas concretas que nos supongan esfuerzo, pero que sean alcanzables. Permíteme sugerir una fórmula central para señalarte objetivos en tu vida, ya sean espirituales, físicos, relacionales o vocacionales. Escoge sencillamente un verbo en infinitivo y acompáñalo de un sustantivo cuantificable, mensurable, y una fecha. Esa es la fórmula.

Por ejemplo, pongamos que mi objetivo principal consiste en que mi jardín sea más hermoso el año que viene. Tras reflexionar en lo que aumentaría su belleza, decido *plantar cinco árboles con flor para el 30 de abril.* ¿Entiendes lo mensurable que es? Incluye un objetivo específico con una fecha específica. Después del 30 de abril sabré si he fracasado, si he tenido éxito en parte o por completo.

Reconozco que existe un sentido real en el que no se pueden medir de manera cuantificable las metas espirituales. ¿Quién podría aplicar un microscopio exacto al alma? Esta es una de las razones por las cuales los cristianos quedan atrapados en su intento de perseguir hazañas y proezas externas. Quieren asegurarse de estar dando la talla como cristianos. Y esto es, sin lugar a duda, una empresa peligrosa.

Por otra parte, podemos aprender ciertas cosas de la práctica de establecer metas. Podemos preguntar: "Si mi propósito es ser santificado, si mi propósito es crecer hasta la completa madurez de la imagen de Cristo a la que estoy llamado, ¿cuáles son, pues, los objetivos que Dios ha señalado para su pueblo? ¿Qué me ha proporcionado Él para avanzar en mi crecimiento espiritual?".

Hablamos mucho de los medios de gracia y de cómo podemos crecer en el Señor mediante un uso diligente de los mismos. Por ejemplo, la Biblia es un medio central de gracia y, por tanto, uno de mis objetivos como cristiano es dominar las Escrituras. A menos que la Palabra de Dios alimente mi alma, no progresaré mucho en el camino de alcanzar mi propósito de santificación en este mundo.

Otro medio vital de gracia es la oración. Sé que mi desarrollo espiritual se atrofiará de manera radical si mi vida de oración es débil, de manera que uno de mis objetivos es ser más ferviente y activo en la oración para crecer espiritualmente. De un modo similar, es necesario que me involucre en la adoración en la iglesia el domingo por la mañana.

Estos son diversos medios de gracia, y podemos establecerlos como objetivos en la vida cristiana. Pero ¿cómo traducimos tales valores en metas específicas, concretas?

Pongamos que quieres conocer mejor la Biblia. Puedes entrar en alguna clase de programa de estudio formal de esta. Tal vez un programa acerca de la Biblia o un grupo pequeño de estudio bíblico. Estos grupos proveen disciplina y estructura. Te hacen responsable de estudiar más las Escrituras. Por supuesto, unirse a estos grupos no garantiza que vayas a crecer. La idea no consiste sencillamente en tachar la lectura o el estudio de la Biblia de tu lista de tareas. Una vez más, no puedes rastrear el progreso del alma con tales medidas cuantificables. Pero sí puedes comprobar tu progreso y el uso que haces de ese medio de gracia. Escoge estudiar libros específicos de la Biblia o seguir un programa concreto de estudio bíblico o un título específico de una institución bíblica.

Del mismo modo, si quieres orar más, únete a un grupo que se reúna con regularidad para la oración y el estímulo. Convierte en una cuestión de principio no abandonar *jamás* estas reuniones donde oras con otros creyentes (Hebreos 10:24-25). La asistencia a la iglesia es vital para que los cristianos crezcan en su santificación. Por otra parte, que acudas con asiduidad a la iglesia no significa necesariamente que seas un cristiano fuerte. Pero una forma de garantizar un crecimiento atrofiado es dejar de congregarse con otros creyentes. La idea consiste en traducir tus sueños de crecimiento espiritual en patrones concretos de conducta que Dios ha diseñado para fomentar tu progreso espiritual.

Recuerda, no existen atajos. Puedes encontrar varios recursos en librerías cristianas de cómo ser un gigante espiritual en tres lecciones fáciles, pero estarás perdiendo tiempo y dinero leyendo un libro de ese tipo. ¿Por qué? Porque no existen tales lecciones fáciles en tres pasos rápidos. Es cuestión de esfuerzo —de trabajo apremiante y exigente—, y se requiere un plan. Precisamente, por esta razón, Jesús nos indica que el discipulado tiene un precio.

Por consiguiente, quien decida seguir a Cristo sin considerar el coste es un necio. En su lugar, debes estudiar las Escrituras para entender lo que Dios quiere que logres con tu vida, cuáles son los diversos obstáculos que debes vencer a lo largo del camino y qué medios ha provisto Él para capacitarte con el fin de vencerlos.

Ser como Cristo: El objetivo de todo crecimiento espiritual

Si planeamos caminar como discípulos de Cristo, debemos despertar y avanzar en la dirección de la acción. Para que se produzca el crecimiento espiritual debe haber esfuerzo. Tiene que haber disciplina. Tiene que existir una disposición a pagar el precio de vencer toda clase de adversidad y obstáculos en una lucha muy real. Sin embargo, tener una meta por delante nos indica, al menos, en qué dirección enfocar nuestras energías en la lucha. Las personas pueden ser decididas y fervientes; pero, si no avanzan en el sentido correcto, es poco probable que acaben en el lugar adecuado.

¿Cuál es, pues, el objetivo del crecimiento espiritual? O, para formularlo de otro modo, ¿cuál es el propósito de la vida cristiana? Recordarás cómo indiqué con anterioridad en este capítulo que parece existir un patrón ascendente cuando leemos el relato de la creación en Génesis 1–2. En lugar de considerar el sexto día y la creación del hombre como el apogeo de la creación, sería más exacto ver el séptimo día —cuando Dios bendijo toda su obra y descansó— como el pináculo más alto. Y esto significa que, así como "[Dios] bendijo… al séptimo día y lo santificó" (Génesis 2:3), también creó y consagró a las personas para que fueran santas. La humanidad no creó a Dios; fue a la inversa. Dios no existe para la humanidad, sino que la humanidad existe para Dios.

Así, la Biblia nos enseña que cometemos idolatría cuando moldeamos a Dios a la imagen de la humanidad. Eso es idolatría: adorar a la creación como si fuera Dios. El mayor problema en nuestra teología hoy es que Dios ha sido creado a la imagen humana. Por eso afirmamos antes que las personas han sido creadas con la capacidad única de reflejar y replicar el carácter divino.

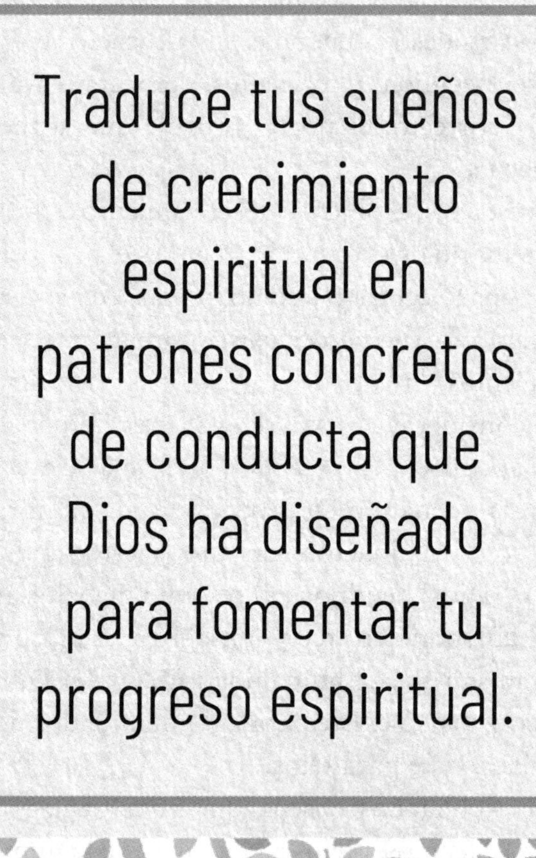

Traduce tus sueños de crecimiento espiritual en patrones concretos de conducta que Dios ha diseñado para fomentar tu progreso espiritual.

Esto significa que tú, como ser humano, has sido constituido así, hecho así, dotado así por tu Creador con ciertas facultades para que, de ese modo, tengas la capacidad en la creación de reflejar o replicar la santidad de Dios. No eres santo en ti mismo ni por ti mismo. Pero Él *es* santo en y de por sí, y te ha llamado como creación suya para que des testimonio de Él, para reflejar su carácter mismo al resto del mundo.

¿Acaso no es esto lo que Cristo hace en su vida de obediencia perfecta? ¿No cumple el propósito y el destino para el cual fue creada la humanidad?

Por esta razón, Pablo afirma que Jesús es el nuevo o postrer Adán en quien "habita corporalmente toda la plenitud de la Deidad" (1 Corintios 15:45; Colosenses 2:9). Pero, más aún, Él es el resplandor de la gloria de Dios, la imagen misma de su sustancia (Hebreos 1:3), que es la razón por la cual Jesús puede decirles a sus discípulos: "El que me ha visto a mí, ha visto al Padre" (Juan 14:9).

Ahora bien, aquí debemos tener cuidado. No estoy sugiriendo ni por un momento que la deidad se reproduzca en nosotros por algún medio. Pero ¿recuerdas lo que sucedió cuando Moisés subió al monte y habló con Dios? Su rostro había cambiado. Su cara resplandecía, brillaba. Hubo una manifestación física de la gloria refulgente que irradiaba de su persona.

¿Por qué sucedió esto? ¿Acaso la gloria interna de este pastor de Madián irrumpió finalmente a través de su piel para que el pueblo pudiera ver lo que había realmente en su interior? Sabes que no es así. En su lugar, Moisés mantenía una conexión tan íntima con la presencia de Dios y estaba tan rodeado por su gloria que, cuando descendió del monte, aquella misma gloria seguía reflejándose en su rostro con todo su fulgor.

Del mismo modo, el objetivo supremo del cristiano es lo que denominamos la "visión beatífica", la *visio Dei* o la visión de Dios. Esa es la gloria para la que vivimos, nos movemos y somos. Es la mayor esperanza de la consumación de nuestras vidas. Poder contemplar no el rostro de Moisés, sino la cara de Dios mismo es el mayor anhelo de nuestras almas y la satisfacción más profunda de nuestros deseos. Hemos pecado; es verdad. Ahora estamos manchados, mancillados, desfigurados. Pero no hemos sido borrados. Dios nos ha conservado. No nos ha aniquilado. Sí, "el pecado entró en el mundo por un hombre, y por el pecado la muerte" (Romanos 5:12), pero Dios se ha propuesto preservarnos y redimirnos.

En la riqueza de su bondad, Él sigue prometiendo "Yo seré vuestro Dios" (Jeremías 30:22). "Moraré en medio de ti" (Zacarías 2:11). "Acercaos a Dios, y él se acercará a vosotros" (Santiago 4:8). "Y pondré mi morada en medio de vosotros" (Levítico 26:11). "Estará en medio de ellos mi tabernáculo, y seré a ellos por Dios, y ellos me serán por pueblo" (Ezequiel 37:27).

Así, Dios sigue teniendo una relación con su pueblo. Pero seguía conservando una prohibición. ¿Cuál era? "No podrás ver mi rostro; porque no me verá hombre, y vivirá" (Éxodo 33:20). Puedes acercarte, pero nadie verá su rostro, ni siquiera Moisés. "Verás mis espaldas; mas no se verá mi rostro" (Éxodo 33:23).

¡Qué gran gloria perdimos cuando pecamos! ¿Será

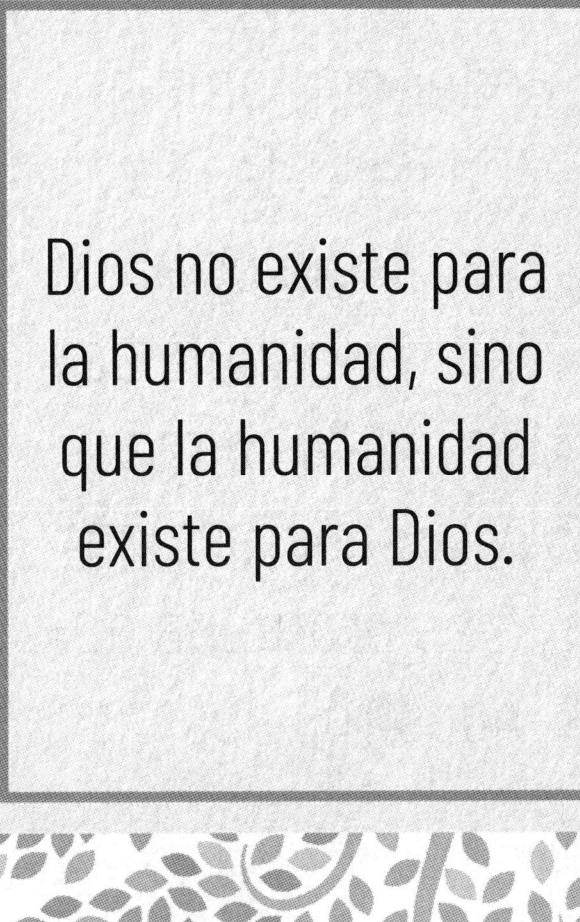
Dios no existe para
la humanidad, sino
que la humanidad
existe para Dios.

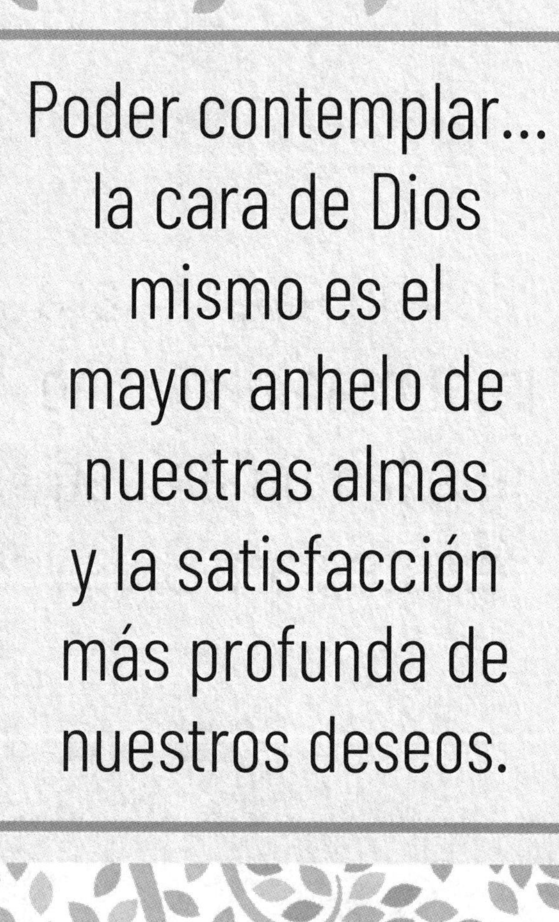

Poder contemplar...
la cara de Dios
mismo es el
mayor anhelo de
nuestras almas
y la satisfacción
más profunda de
nuestros deseos.

siempre así? La mejor parte del evangelio es que podemos responder confiadamente: "¡No!". En su primera epístola, Juan nos indica:

> Mirad cuál amor nos ha dado el Padre, para que seamos llamados hijos de Dios; por esto el mundo no nos conoce, porque no le conoció a él. Amados, ahora somos hijos de Dios, y aún no se ha manifestado lo que hemos de ser; pero sabemos que cuando él se manifieste, seremos semejantes a él, porque le veremos tal como él es (1 Juan 3:1-2).

¿Motiva esto un cántico en tu alma? Veremos a Dios tal como Él es. No como se le refleja. No según la imagen replicada en la gloria de su creación. Ni siquiera mediante la imagen de su pueblo creado por Él. Le veremos tal como Él mismo es. Contemplaremos directamente el rostro descubierto de Dios y, en ese momento, quedará satisfecha toda la plenitud de nuestro espíritu humano cuando la completitud total de su hermosura sea glorificada.

Ese es nuestro anhelo más profundo y nuestro bien supremo. ¿Cómo podemos recibir, pues, este que es el mayor de todos los dones? ¿A quién se le promete esta visión, esta oportunidad de ver a Dios? A los de corazón puro. Jesús declara: "Bienaventurados los de limpio corazón, porque ellos verán a Dios" (Mateo 5:8). Sin embargo, amigos míos, no somos puros de corazón. Por esta razón, nadie que lea este libro ha visto jamás a Dios.

El objetivo de nuestras vidas es ser conformados a la imagen de Cristo: cumplir el propósito original para el

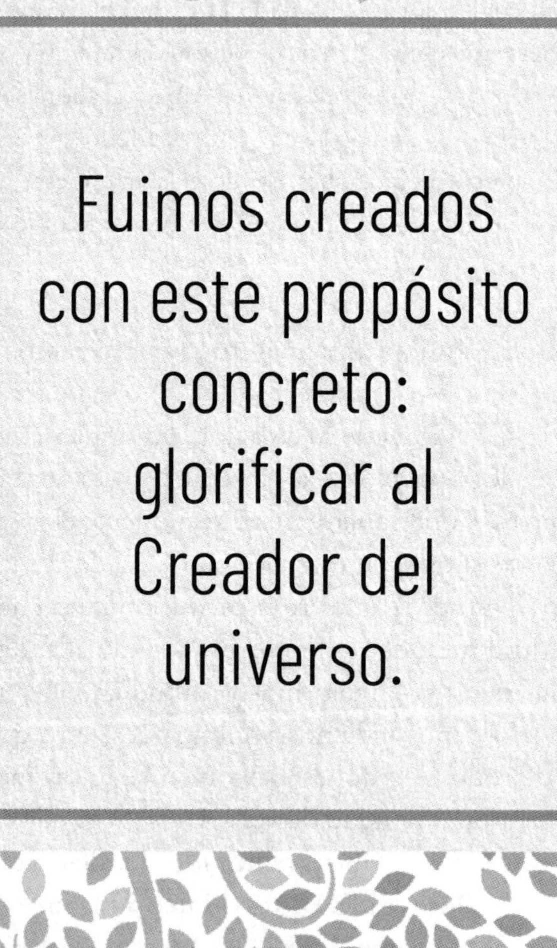

Fuimos creados
con este propósito
concreto:
glorificar al
Creador del
universo.

cual fuimos creados, a saber, reflejar el carácter mismo de Dios ante el mundo que nos rodea. La primera pregunta del catecismo que aprendí de niño procede del Catecismo Menor de Westminster: "¿Cuál es el fin principal del hombre?" o "¿Cuál es el principal propósito del hombre?" o "¿Cuál es el objetivo de la raza humana?". Y la respuesta que se me enseñó y que yo recitaba es: "El fin principal del hombre es glorificar a Dios y disfrutar de Él para siempre". Jamás pude atar cabos respecto a esto en mi juventud, porque no me cabía en la cabeza que glorificar a Dios pudiera ser algo placentero.

Sin embargo, desde entonces he aprendido que mi mayor gozo es la gloria suprema de Dios. Fuimos creados con este propósito concreto: glorificar al Creador del universo. Fuimos hechos para santidad. Y, cuando la rechazamos, sufrimos privación, una sensación profundamente arraigada de pérdida e intranquilidad, porque estamos desintonizados de la naturaleza para la cual fuimos hechos.

No obstante, cuando nuestras almas valoran la gloria de Dios, tenemos la motivación necesaria para avanzar hacia la meta de vivir una vida santa. El fin alimenta los medios.

2

Vencer al mundo, a la carne y al diablo

¿Qué pasos prácticos, específicos debemos dar para crecer espiritualmente? Primero, debemos aceptar la verdad de que sin Cristo nada podemos hacer (Juan 15:5). Cuando lo asimilamos, somos liberados y empoderados para reconocer que nada es más urgente, más necesario y, a la vez, más emocionante que embarcarse en este peregrinaje de fe. Al iniciar este capítulo, podemos orar llenos de confianza en que el Espíritu de verdad nos enseñará lo que significa imitar a Cristo. Durante años, antes de ser cristiano, yo estaba familiarizado con algunos de los himnos más básicos. Asistía de vez en cuando a la iglesia y, de forma particular, cuando había actividades sociales planificadas, como retiros de fin de semana en campamentos. En aquellos eventos informales se nos presentaron himnos sencillos.

Solíamos entonar a menudo un cántico de estribillo pegadizo que, aunque me encantaba, yo no alcanzaba a entender. Se titula "Señor, quiero ser cristiano en mi corazón". ¿Lo conoces? Dice algo así como: "Señor, quiero ser más amoroso… Señor, quiero ser como Jesús". Recuerdo haberlo cantado y, como ya he señalado, no tener la más mínima idea de lo que estaba entonando.

Sin embargo, una vez convertido, ese corito adoptó un sentido nuevo de urgencia. Me percaté de que había traspasado la imborrable línea de demarcación del reino de las tinieblas al reino divino de la luz (Colosenses 1:13). No obstante, pronto comprendí que no había fórmula mágica en la fe cristiana.

De hecho, he llegado a tomar conciencia de que mi nuevo nacimiento había sido exactamente eso: un nacimiento. Al leer el Nuevo Testamento he discernido que no había sido llamado a la infantilidad, sino a la madurez, a crecer en la plenitud de Cristo.

Me preocupaba todo este asunto del crecimiento espiritual. Recurrí a maestros, mentores, libros, a la Biblia misma, en busca de maneras de progresar en mi vida cristiana. Tuve que ajustar algunas de mis expectativas, porque empecé con sumo celo, como si de una experiencia cumbre se tratara, y di por sentado que avanzaría con mayor rapidez de fe en fe, de fuerza en fuerza, de gracia en gracia, de gloria en gloria. Jamás soñé con los muchos momentos que se avecinaban a lo largo del camino que amenazaban con echarme en el Abismo de la Desesperación, como escribe John Bunyan en *El progreso del peregrino*.

Acabé lamentándome por la predicación de evangelistas

simplistas y sus relucientes promesas. Por ejemplo, solían proclamar: "Ven a Jesús y todos tus problemas se solucionarán. Prueba a Jesús. Suelta las riendas y deja actuar a Dios". Lo que no tardé en aprender fue que convertirse en cristiano aportaba una nueva dimensión de complicación a mi vida que jamás había experimentado. Como mencioné en el capítulo 1, en un sentido muy real, mi vida se volvió *más* complicada cuando me revestí de Cristo.

Ahora poseía una conciencia y un nuevo nivel de excelencia. Aun con mi propia capacidad de autoengaño y de resistencia al poder de convicción del Espíritu Santo, todavía podía ver la enorme brecha existente entre el lugar donde me encontraba y donde se me llamaba a estar en Cristo.

Me encantaría poder comunicarte que, tras más de cincuenta años en el reino de Dios, esa brecha ha sido eliminada, que se ha desvanecido por completo de mi vida, porque ahora he alcanzado la conformidad a Cristo. Pero eso no es verdad. Y ese es uno de los problemas de la santificación.

Como nos han enseñado nuestros antepasados reformados, una de las marcas de nuestra espiritualidad creciente es una conciencia *aumentada* de nuestra propia condición caída. Por consiguiente, en un sentido, lejos de disminuir, la complicación se intensifica. Y puede ser una experiencia muy frustrante cuando pensamos en lo mucho que queda por hacer en nuestras vidas, en lo poco que parecemos haber progresado.

No pretendo ser pesimista en extremo, pero no sería sincero por mi parte sugerir que el crecimiento llega con facilidad en la vida cristiana. No podemos ponernos cómodos, descansar y dejar que la naturaleza siga su curso. Si se lo permitiéramos, ese poder espiritual cristiano no tardaría ni cinco minutos en atrofiarse. La creencia fácil es así de destructiva.

Dios nos manda: "Ocupaos en vuestra salvación con temor y temblor, porque Dios es el que en vosotros produce así el querer como el hacer, por su buena voluntad" (Filipenses 2:12-13). Sí, hay momentos de espera. Sin embargo, el énfasis básico del llamamiento en el Nuevo Testamento a la santificación, al crecimiento en Cristo, es uno de lucha disciplinada. Crecer en Cristo no es fácil, y tenemos que saber que nos hallamos inmersos en una lucha por el resto de nuestra vida.

Si eres un recién convertido, tienes que saber que esto está sucediendo. Si llevas mucho tiempo en el reino de Dios, no te hará daño recordar de nuevo esta verdad. El gran reformador Martín Lutero afirmó que los tres obstáculos principales para el crecimiento cristiano son el mundo, la carne y el diablo.

Imagino que ya lo habrás oído expresado así con anterioridad. Pero ¿has pensado alguna vez *cómo* se erige el mundo a modo de obstáculo para el crecimiento espiritual, *cómo* estorba la carne y *cómo* el diablo es un impedimento para ello?

El obstáculo del mundo

Evidentemente, cuando Lutero hablaba del mundo como un obstáculo, puso especial cuidado en declarar que nosotros, como cristianos, no menospreciamos este mundo.

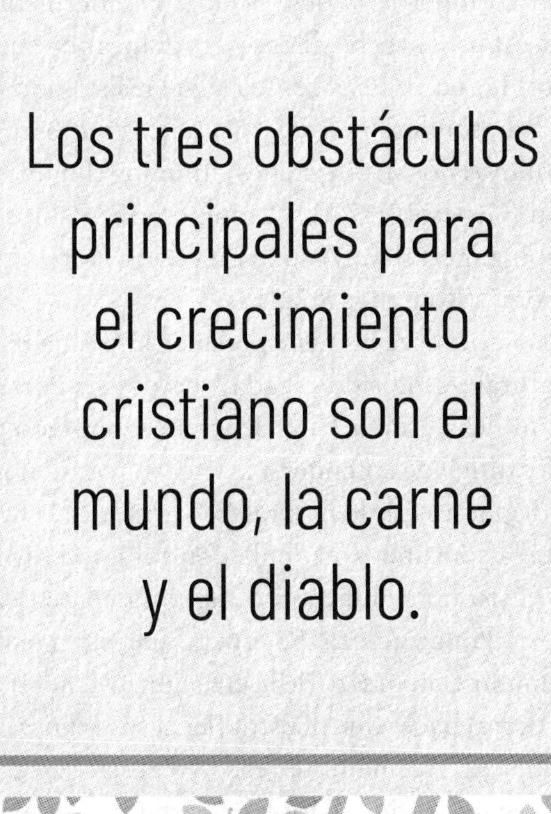
Los tres obstáculos
principales para
el crecimiento
cristiano son el
mundo, la carne
y el diablo.

De hecho, es el mundo de nuestro Padre. Como tal, es el campo de la redención divina. Dios lo creó y se encuentra en proceso de redención.

Sin embargo, al mismo tiempo tenemos que enfrentarnos al crudo hecho de que este mundo también es un lugar de terror. La muerte, la destrucción, la enfermedad y la violencia están al acecho, listas para golpear en cualquier momento. La naturaleza se nos sigue resistiendo. En un sentido, la naturaleza nos odia. Se rebela contra nosotros, porque fuimos nosotros quienes sumimos el mundo en la perdición (Génesis 3:17-19). Como escribe Pablo: "Toda la creación gime a una, y a una está con dolores de parto hasta ahora" (Romanos 8:22).

Pero la naturaleza no tiene poder en sí misma ni de por sí. La naturaleza ha sido creada, ¿no es así? Por encima de la naturaleza está el Dios de la creación. Esto podría resultarles difícil de entender a los nuevos cristianos, pero Dios ha dispuesto que la naturaleza se resista a la humanidad hasta la consumación final de su voluntad (Romanos 8:20-21). Esto no significa que supuestamente debamos rendirnos a la naturaleza. Se espera que sigamos procurando cumplir el mandato de la creación de tener dominio sobre la tierra, hacer que nuestra tierra sea segura, vencer la enfermedad y el hambre, etc. (Génesis 1:26-28). No obstante, en un sentido, Dios ha designado que la naturaleza luche contra nosotros, y esto también es para nuestra santificación. Peleamos contra la muerte, la enfermedad y toda una hueste de cosas más.

La Biblia habla, además, del peligro de la mundanalidad, que significa amar las cosas de este mundo más que las de Dios (1 Juan 2:15-17). Y la razón es que este mundo, y su patrón, su conducta y sus compromisos normales, están radicalmente desintonizados de Dios. Sabemos que "el mundo entero está bajo el maligno" (1 Juan 5:19). Por esta razón, Jesús nos enseñó a orar al Padre "Venga *tu* reino" (Mateo 6:10).

¿De qué forma se convirtió el mundo en un obstáculo para el crecimiento espiritual? Una de las cosas más alarmantes para mí en los últimos años es considerar los resultados de sondeos que Gallup (y otros) han llevado a cabo, tanto en la cultura secular como en la subcultura evangélica estadounidenses. Formulan preguntas como "¿Con qué frecuencia asistes a la iglesia?" y "¿Con cuánta frecuencia lees la Biblia?". Lo inquietante es que el patrón básico discernido en la cultura secular y en la cultura cristiana evangélica es casi idéntico en estas encuestas. Debería llevarnos a preguntar: "¿Está influyendo la iglesia en el mundo, o es a la inversa?". Esta propensión mundana es un obstáculo enorme para el crecimiento cristiano. Por ello, Pablo escribe en Romanos 12:1-2:

Así que, hermanos, os ruego por las misericordias de Dios, que presentéis vuestros cuerpos en sacrificio vivo, santo, agradable a Dios, que es vuestro culto racional. No os conforméis a este siglo, sino transformaos por medio de la renovación de vuestro entendimiento, para que comprobéis cuál sea la buena voluntad de Dios, agradable y perfecta.

¿Qué significa esto? A fin de cuentas, quiere decir que

los cristianos están llamados a no ser conformistas. En otras palabras, la conducta cristiana está llamada en todas las culturas a trascender los patrones y las costumbres establecidas de esa sociedad en particular. Marchamos al ritmo de un tambor distinto. El llamamiento de nuestras vidas es superior a lo que acepta nuestra sociedad. Como escribió Pablo, es "el supremo llamamiento de Dios en Cristo Jesús" (Filipenses 3:14).

Pienso en la cuestión del aborto como ejemplo clásico de esta idea. Cuando yo estudiaba en la universidad, el único momento en que escuchabas hablar del tema era en los entornos criminales. Si alguna pareja que conocías hubiera practicado un aborto, ciertamente no hablarían de ello. Era tabú en la cultura, no solo en la iglesia o el mundo religioso. El aborto estaba mal visto. Se consideraba como una de las formas más bajas imaginables de la conducta social.

Esto es así en casi toda la historia occidental y, desde luego, en la historia occidental europea. Esta situación ha cambiado de forma dramática. ¿Será porque hemos crecido por fin hasta el punto de entender que no es tan malo? ¿O será que había otras cosas en la cultura que lo empujaron hasta el primer plano? El gran avance de la causa feminista es algo que vino asociado, como todo el movimiento de liberación de las censuras de la iglesia.

Sin embargo, este capítulo no es sobre el aborto, sino sobre cómo siguen las personas las costumbres de su nación. La mayoría de los habitantes de este país están ahora a favor del aborto legalizado. Hace cincuenta años no habrías podido encontrar ni un dos por ciento de individuos que lo aprobaran. ¿Qué ha cambiado? Los tabús se modifican. La costumbre se alteró. Las personas están tomando sus decisiones éticas y conductuales basándose en lo que es socialmente aceptable en su entorno. Tristemente, la pregunta en nuestra sociedad no es "¿Qué me exige Dios?", sino "¿Cómo están actuando todos los demás en la cultura?".

Piensa en tu propia adolescencia, cuando la pasión devoradora de tu vida consistía en ser aceptado por tu grupo y que no se te considerara un intruso. Estabas buscando una identidad. Querías vestirte como todos los demás, hablar como ellos y hacer lo que ellos hacían. ¿Te das cuenta de que la poderosa influencia del deseo de conformarse existe en cada generación, en cada nación, en cada civilización, en cada sociedad y en cada cultura?

Los cristianos no están exentos de esa tentación que es la razón de que veas subculturas específicas dentro de la comunidad cristiana. Existe una subcultura pentecostal, otra fundamentalista, una anglicana, etc. Incluso dentro de estos subconjuntos existen distintos tabús y costumbres en los diversos grupos. Unos afirman que no usan pintalabios y que no bailan. Otros opinan que estas cosas son perfectamente aceptables. Nadie pregunta lo que le agrada a Dios, sino más bien lo que prefiere su grupo de colegas. Es entonces cuando el mundo se convierte en una masa de obstáculos para el crecimiento espiritual.

Creo que una de las cosas más difíciles de aprender para el cristiano es buscar la mente de Cristo a la hora de discernir lo que debería hacerse. Y es que el fundamento de la ética cristiana no es lo que la sociedad local aprueba, sino lo que Dios nos llama a hacer. Para crecer en la vida cristiana tenemos que reconocer el obstáculo tal cual es y entender lo que tenemos que hacer para vencerlo. No me estoy refiriendo aquí a lo abstracto. Este es un asunto existencial, concreto, para todos nosotros.

Permíteme preguntarte, por ejemplo: "¿Qué popularidad tiene en nuestra cultura estar involucrado en una disputa teológica?". No se debe hacer. En la sociedad tenemos un tabú contra discutir sobre religión o política, porque las disputas en estos temas son divisivas. No lo hacemos como personas civilizadas, cultas. ¿Hasta qué punto influye esto en la iglesia? Lo último que esta quiere es inmiscuirse en disputas teológicas, porque esto es manifiestamente malo. Las personas que asisten a la iglesia piensan hoy que no es algo que se corresponda con la vida cristiana, que no es espiritual y que, por lo tanto, debemos evitarlo a toda costa.

Sin embargo, cuando tomamos las Escrituras, leemos que en el jardín del Edén existe un debate teológico entre la serpiente y Dios. En el capítulo siguiente existe una discusión teológica entre Caín y Abel. Y, conforme seguimos avanzando por las páginas de la historia redentora, vemos disputas masivas entre los profetas falsos y los verdaderos de Israel. En los Evangelios, la polémica sobre la verdad encendió la vida de Jesús. En las epístolas, oímos que el apóstol Pablo se involucraba a diario en la controversia sobre la verdad de Dios.

Cuando consideramos la historia de la iglesia, contemplamos grandes momentos cuando los héroes de la fe defendieron la verdad del cristianismo en medio del error y del engaño, y cuando sostuvieron la pureza de la verdad. Luchar por la verdad puede, por supuesto, estar motivado por impulsos pecaminosos. Lo sabemos. Pero la idea de luchar por la verdad ha sido una de las virtudes más nobles de toda la historia cristiana. Sin embargo, en nuestra época se considera un vicio, no porque Dios afirme que lo sea, sino porque así lo declara la cultura.

¿Qué debemos hacer, pues? Una de las pruebas de nuestra santificación es lo dispuesto que estemos a ser odiados, perseguidos, y conducidos como corderos al matadero por defender la verdad de Dios. Pero, si el mundo me señala —incluso, si mi iglesia me indica— que estas posturas son tabús, ¿entiendes lo difícil que es? Resulta bastante complicado incluso cuando se considera una virtud. El mundo erosiona nuestra decisión de ser fieles defensores de Cristo y nos incita, en su lugar, a imitar sus propios patrones. Si queremos superar estos obstáculos del mundo, debemos llenar nuestra mente de las normas, los principios y las reglas de conducta que proceden de Dios.

Por tanto, te aliento a pensar hoy en los patrones mundanos en los que estás atrapado. ¿Qué actuaciones tuyas podrían complacer a la cultura en la que vives, pero sabes a ciencia cierta que no están en sintonía con la ley de Dios? Pregúntate: "¿De quién me llegan mis órdenes de marcha? ¿Cómo vivo en un mundo pagano? ¿Cómo entono el cántico del Señor en un mundo extraño y ajeno?".

Para interpretar el cántico del Señor tienes que conocer la letra. Tienes que descubrir cuál es este cántico. En resumen, tienes que meditar en su Palabra de día y de noche para saber lo que el Señor exige de ti.

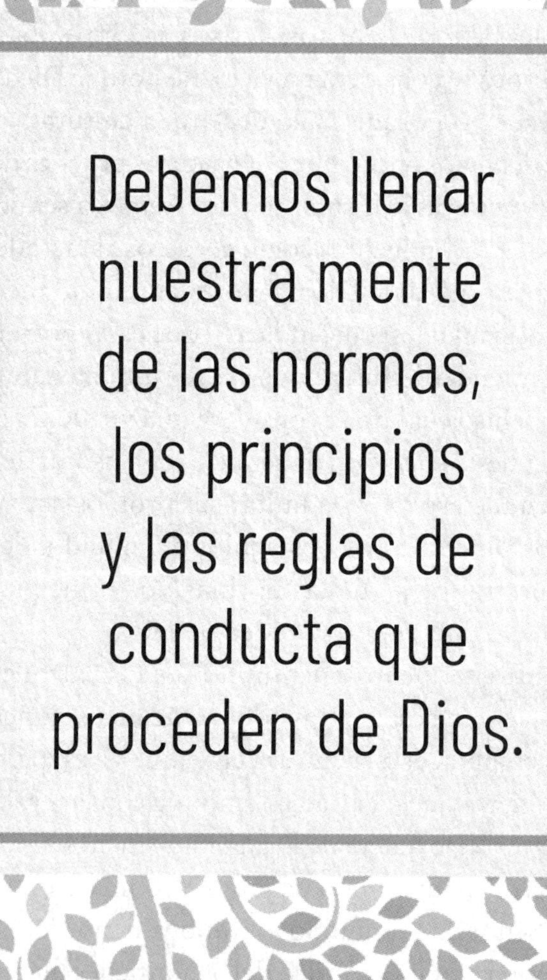
Debemos llenar
nuestra mente
de las normas,
los principios
y las reglas de
conducta que
proceden de Dios.

El obstáculo de la carne

Ahora pasamos nuestra atención al segundo obstáculo para nuestro crecimiento en la santificación: la carne. Tristemente, tendemos a sentirnos un tanto confusos al respecto. En las Escrituras existen dos palabras distintas que pueden traducirse, ambas, "carne" o "cuerpo". Y estos términos son *soma* y *sarx*.

Soma suele traducirse "cuerpo", en alusión a nuestro cuerpo físico. Es posible que hayas escuchado la expresión "enfermedades psicosomáticas". Ambas partes —*psico* y *somático*— vienen del griego. La enfermedad psicosomática es una dolencia real en la que nuestros cuerpos están sanos, pero el origen de nuestro problema con el cuerpo físico está en nuestra *psique,* en la mente o en las emociones, por así decirlo.

Sin embargo, el término *sarx* puede verterse también "cuerpo" o "carne física". No obstante, y con mayor frecuencia, esta palabra alude a algo distinto de lo meramente físico. Esto es especialmente verdad cuando lo vemos explicado en conexión directa con otro término griego con el que podrías estar familiarizado, y es *pneuma*, el vocablo bíblico para "respiración", "viento" o "espíritu". Has oído hablar de los taladros neumáticos, dirigidos por aire comprimido, por ejemplo. Y *pneuma* puede aludir a nuestro espíritu humano o, en última instancia, al Espíritu Santo, a quien se denomina Pneuma Santo en la Biblia. Cuando vemos una explicación que implican *sarx* y *pneuma*, o carne y espíritu, deberíamos saber que el término *sarx* se está usando con referencia a nuestra naturaleza humana caída y corrupta (que es como se usa con mayor frecuencia en la Biblia).

Cuando Jesús habla con Nicodemo sobre la carne, lo primero que le indica es: "El que no naciere de agua y del Espíritu, no puede entrar en el reino de Dios" (Juan 3:5). A continuación, el siguiente versículo declara: "Lo que es nacido de la carne, carne es; y lo que es nacido del Espíritu, espíritu es" (Juan 3:6).

Jesús estaba explicando el concepto de que, por naturaleza, cuando nacemos, lo hacemos en un estado de corrupción moral. Nacer en la carne significa venir al mundo en una condición sin inclinación por las cosas espirituales. Ingresamos cadáver, por así decirlo, porque estamos muertos a las cosas de Dios. Estamos espiritualmente muertos aun estando biológicamente vivos. Y así iniciamos nuestra vida en este mundo en un estado de muerte espiritual, al que las Escrituras aluden en términos del lenguaje de la carnalidad. Jesús nos enseña: "La carne para nada aprovecha" (Juan 6:63).

Cuando Pablo compara la carne al espíritu, está estableciendo un contraste entre la naturaleza pecaminosa de nuestra humanidad caída y el poder renovado que tenemos una vez nacemos en el Espíritu. En Gálatas 5:16-18, escribe:

Digo, pues: Andad en el Espíritu, y no satisfagáis los deseos de la carne. Porque el deseo de la carne es contra el Espíritu, y el del Espíritu es contra la carne; y éstos se oponen entre sí, para que no hagáis lo que quisiereis. Pero si sois guiados por el Espíritu, no estáis bajo la ley.

Pablo está escribiendo aquí sobre alguna clase de conflicto. Se está desarrollando una guerra, y se está produciendo en nuestro interior, entre aquello a lo que Pablo alude a veces como el viejo hombre y el nuevo hombre. Los cristianos tenemos que luchar contra la carne mientras vivamos, hasta que entremos en la gloria.

Sin embargo, no pienses, como algunos filósofos han enseñado, que solo porque algo sea *físico* tiene que ser malo. Este razonamiento está en firme contraste con el juicio que hacen las Escrituras. Cuando Dios creó el mundo, creó un mundo físico. Y ¿qué afirmó una y otra vez sobre ese mundo físico cuando lo generó? Que era bueno (p. ej., Génesis 1:10). Por supuesto, después de la caída de Adán y Eva, el mundo quedó contaminado y esta corrupción se manifiesta muchas veces en cosas físicas. Pero lo físico no es, en y de por sí, inherentemente malo. ¿Cómo sabemos esto?

En primer lugar, Juan escribe: "El Verbo se hizo carne y habitó entre nosotros" (Juan 1:14). Dios Hijo fue capaz de convertirse en un hombre —en la carne— sin pecar. Además, la Biblia nos enseña que Dios levantará nuestros cuerpos físicos y los transformará para que sean como el cuerpo resucitado de Cristo, al que se podía tocar. Después de su resurrección, Jesús comió y bebió con sus discípulos (Hechos 10.41; Filipenses 3:20-21). Dios no rechaza la esfera física, "carnal", sino que la redime.

Por tanto, podemos confirmar que la guerra que Pablo describe no es entre nuestras almas y nuestros cuerpos. Cuando afirmamos que uno de los principales obstáculos para el crecimiento cristiano es la carne, no decimos

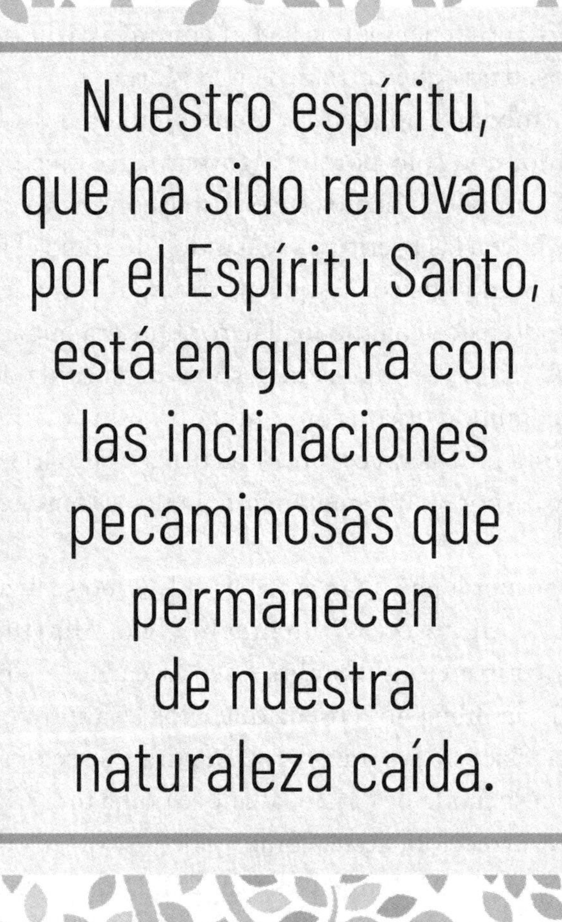

Nuestro espíritu,
que ha sido renovado
por el Espíritu Santo,
está en guerra con
las inclinaciones
pecaminosas que
permanecen
de nuestra
naturaleza caída.

que se trate del cuerpo físico. Estamos hablando de la carne, en alusión a nuestra naturaleza humana caída. Esto incluye, desde luego, al cuerpo, pero también la mente, el alma y el corazón. Abarca nuestros pensamientos, nuestras emociones, nuestra voluntad, nuestras decisiones. Nuestro espíritu, que ha sido renovado por el Espíritu Santo, está en guerra con las inclinaciones pecaminosas que permanecen de nuestra naturaleza caída. A esto se refiere Pablo cuando trata este conflicto o contienda entre la carne y el espíritu.

Observa conmigo algo interesante en Gálatas 5:19: "Y manifiestas son las obras de la carne, que son: adulterio, fornicación, inmundicia, lascivia". Si te detienes justo aquí, ¿que supondría lo que el apóstol quiere decir al escribir sobre las obras de la carne? Pecados físicos. Apetitos físicos. Porque los primeros pecados que menciona en esta extensa lista tienen que ver con actos físicos que Dios ha declarado pecaminosos.

Pero consideremos algunos ejemplos del resto de la lista de Pablo: "idolatría, hechicerías, enemistades, pleitos, celos, iras, contiendas, disensiones, herejías, envidias, homicidios, borracheras, orgías, y cosas semejantes a estas" (Gálatas 5:20-21). Ahora bien, el *hacer* ídolos es algo físico, pero la *práctica* de la idolatría está relacionada con la forma pecaminosa de adoración que procede del alma. Y, sin embargo, esto se denomina obra de la carne. La enemistad no es física. Los celos son una motivación interna, una emoción. Las divisiones no se producen con nuestro cuerpo ni tampoco la envidia. Por tanto, cuando Pablo habla sobre las obras de la carne, está describiendo las obras motivadas y generadas por un corazón y una disposición pecaminosa, no por apetitos del cuerpo.

Esto significa que, cada vez que escogemos pecar, en ese momento preferimos transgredir en vez de obedecer a Cristo. Nuestro deseo de cometer el pecado es más intenso y mayor que nuestro deseo de obedecer a Cristo. De no ser este el caso, no pecaríamos. Se está librando una guerra dentro de nosotros y es la guerra de los deseos. Es la lucha de la inclinación del corazón. El mayor obstáculo para mi santificación es mi corazón de carne que sigue aferrado a deseos perversos y anhelos malvados. Me sigue tentando la idea de que el pecado me hará feliz. Pecamos porque queremos y esto se debe a que creemos que cometer la transgresión nos hará felices. No es cierto; nos proporcionará placer, pero existe una diferencia entre el placer y la felicidad.

Según el Nuevo Testamento, si quieres crecer en tu vida espiritual tienen que suceder dos cosas. La primera es obvia. El viejo hombre o la carne deben morir. En segundo lugar, el nuevo hombre debe ser alimentado y fortalecido. En términos sencillos, significa que la carne tiene que debilitarse y el espíritu fortalecerse. Debemos ser fortalecidos por medio de la gracia de Dios. Y empezamos a matar al viejo hombre muriendo día a día.

Sin embargo, es un proceso que dura toda la vida, y ese poder y esa inclinación al mal luchan e intentan seducirnos todos los días de nuestra existencia hasta que seamos glorificados. Esto es lo que significa ser glorificado: que todo resto y deseo de pecado sean eliminados de una vez por todas de nuestro corazón.

¿Has experimentado esta guerra, esta batalla interna tuya entre las obras de la carne y el fruto del Espíritu? Este último incluye cosas como amor, gozo, paz, paciencia, benignidad, bondad, fe, mansedumbre, templanza (Gálatas 5:22-23). Nada de esto procede del cuerpo, ni tampoco de una naturaleza pecaminosa.

Llegan como resultado de la residencia del Espíritu Santo en nosotros, de su obra en nuestro espíritu y de su producción del fruto de justicia. En otras palabras, alcanzan nuestra vida por medio de Cristo, porque "si alguno está en Cristo, nueva criatura es" (2 Corintios 5:17). Pero incluso siendo nuevas criaturas, no hemos alcanzado la cúspide de nuestras renovaciones; eso se produce cuando llegamos al cielo. Entre aquí y el cielo existe una guerra sin final.

El obstáculo del diablo

Ahora volvemos la atención a nuestra batalla contra el diablo, y casi tengo dudas de sacarlo a colación. Algo tan central en el pensamiento de Martin Lutero en el siglo XVI se considera ahora casi como algo divertido. Hoy se piensa en el diablo como en una superstición peculiar y anticuada de gran interés en la Edad Media. En aquella época, a las personas les preocupaban el diablo y sus obras, pero hoy muchos han relegado todo el concepto de Satanás al nivel de la superstición.

No podemos simplemente descartar este concepto de Satanás si queremos tomarnos la fe bíblica en serio. Ciertamente, las Escrituras no lo consideran una imagen

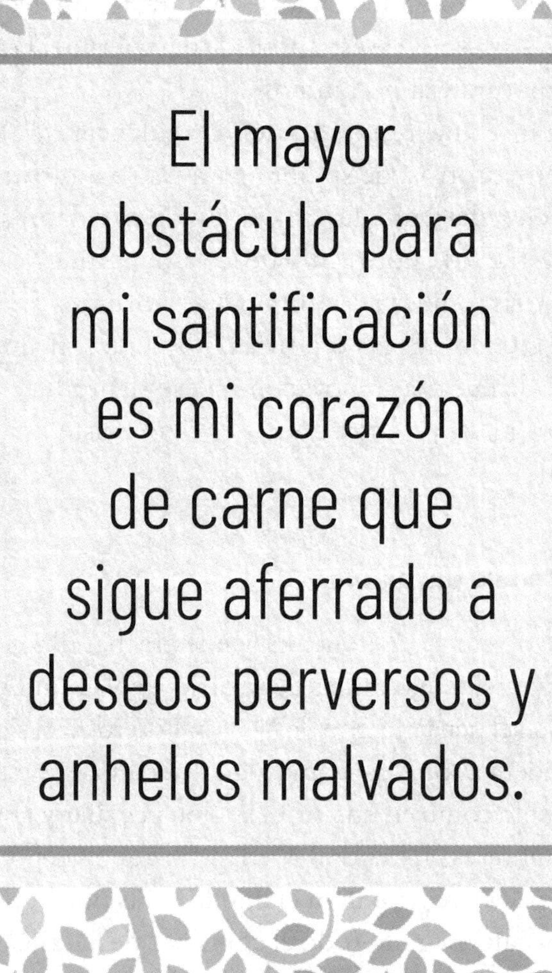

El mayor
obstáculo para
mi santificación
es mi corazón
de carne que
sigue aferrado a
deseos perversos y
anhelos malvados.

mitológica, sino más bien alguien real y poderoso. Es un concepto tan básico y central para el cristianismo que negarlo equivale fundamentalmente a impugnar la esencia de la fe misma.

Una de las recitaciones más habituales en la iglesia cristiana del mundo entero es el Padrenuestro. No puedes pronunciarlo sin encontrarte allí con el diablo. Jesús nos da instrucciones: "Vosotros, pues, orareis así:…Y no nos metas en tentación, sino líbranos del mal" (Mateo 6:9, 13). El término "mal" sugiere aquí una fuerza impersonal y la Biblia tiene un término para el mal abstracto. Es la palabra *poneron,* que significa "mal", y que se escribe en género neutro cuando alude al mal abstracto.

Sin embargo, la palabra que Jesús usa en el Padrenuestro es *poneros,* la forma singular masculina del término para "mal". Como señalaría cualquier erudito griego, la traducción adecuada señala el significado de las palabras de Jesús: "No nos metas en tentación, sino líbranos *del maligno*". Y *poneros* es uno de los títulos usados bíblicamente para Satanás. Cada vez que pronunciamos el Padrenuestro le estamos pidiendo a Dios que ponga una valla a nuestro alrededor, que nos proteja de las artimañas y de los poderes seductores de Satanás.

Si consideramos lo que Pablo escribió en el libro de Efesios, vemos que alude de nuevo a una guerra. Ya hemos hablado de la lucha entre la carne y el espíritu. Mediante esta metáfora de guerra, el apóstol llama a los cristianos a vestirse con una armadura; en realidad, a ponerse toda la armadura de Dios. Es un pasaje muy familiar para muchos de nosotros, pero mi pregunta es la siguiente: *¿Por qué* nos insta el apóstol a revestirnos de toda la armadura de Dios? Efesios 6:10-11 declara: "Por lo demás, hermanos míos, fortaleceos en el Señor, y en el poder de su fuerza. Vestíos de toda la armadura de Dios, para que…". Si estás acostumbrado al lenguaje griego, sabrás que la expresión "para que" señala la presencia de un verbo subjuntivo, un modo subjuntivo que, en este caso, expresa *propósito*. En otras palabras, Pablo está indicando: Vístanse de toda la armadura de Dios por esta razón, con el fin de… ¿qué? La respuesta es "para que podáis estar firmes contra las asechanzas del diablo".

Por este motivo necesitamos toda la armadura de Dios. Precisamos protección. Requerimos armas que nos proporcionen la victoria en una guerra definida en términos de dimensiones cósmicas. *Es* una guerra cósmica, como Pablo aclara en el resto de este pasaje. Declara: "Porque no tenemos lucha contra sangre y carne [es decir, seres humanos], sino contra principados, contra potestades, contra los gobernadores de las tinieblas de este siglo, contra huestes espirituales de maldad en las regiones celestes" (Efesios 6:12). Pablo nos llama a estar firmes contra un ataque, a sobrevivir a la arremetida de un ser preternatural llamado Satanás. Es uno de los obstáculos más poderosos en nuestra vida cristiana.

El Nuevo Testamento habla en otros lugares de Satanás como alguien que "se disfraza como ángel de luz" (2 Corintios 11:14). Como decimos en filosofía, se manifiesta como *subespecie bonum*, bajo los auspicios del bien. En realidad, Satanás es el príncipe de las tinieblas, pero tiene esta capacidad de metamorfosis, de viajar de incógnito. No se aparece de forma inesperada como lo haría ante el doctor Fausto y declara "Soy Satanás. Soy el tipo malo. Dame tu alma".

No, él es demasiado astuto para eso. En su lugar, se nos acerca bajo el manto de la bondad. Aparecerá como ministro, como sacerdote, como líder religioso. Todos sus aspectos externos parecen buenos. Este es su *modus operandi*, y por ello se nos advierte contra este que viene disfrazado de ángel de luz. Es una de las metáforas que el Nuevo Testamento usa.

También se toma otra alegoría del reino animal: "Vuestro adversario el diablo, como león rugiente, anda alrededor buscando a quien devorar" (1 Pedro 5:8). La imagen del león es de fuerza suprema. Es el rey de las bestias, la más poderosa de todas. Cuando leemos sobre esta imagen de Satanás, podríamos sentir la tentación de preguntar: "¿Qué posibilidades tengo contra él? ¡Es tan poderoso!". Y, sin embargo, en el Nuevo Testamento se nos indica: "Resistid al diablo, y huirá de vosotros" (Santiago 4:7).

El apóstol Juan nos consuela del mismo modo: "Mayor es el que está en vosotros, que el que está en el mundo" (1 Juan 4:4). Podemos vencer a Satanás porque Dios es más fuerte que él, y Dios mora en cada uno de nosotros, los cristianos, mediante su Espíritu. Por poderoso, astuto, mañoso e ingenioso que pueda ser, Satanás sigue siendo una criatura y, por tanto, su poder es limitado. Es potente, pero no omnipotente. Solo Dios lo es. Satanás es inteligente, pero no omnisciente. Posee legiones de demonios a su disposición y los llama para que le ayuden a ejecutar su plan, pero él mismo no es omnipresente.

De modo que tenemos esta imagen de Satanás, quien se erige como horrible obstáculo para nuestro crecimiento. ¿Qué es lo que hace exactamente? ¿Cómo hace su trabajo contra nosotros? La única obra de Satanás con la que casi todos nosotros estamos familiarizados es la de la tentación. Se le llama "el tentador" cuando tienta a Jesús en el desierto (Mateo 4:1-11). Es aquel que aparece en el jardín del Edén y tienta a Adán y Eva (Génesis 3:1; Apocalipsis 12:9; 20:2). Una y otra vez ha desviado a la humanidad a través de sus tentaciones.

Sin embargo, no es esta la única función que desempeña en la vida del cristiano. Yo sugeriría que ni siquiera es la principal. Tal vez la actividad en la que se enfoca Satanás para impedirte crecer hasta la plenitud de tu vida espiritual sea su obra de acusación. Su nombre significa "calumniador". Es el "acusador de nuestros hermanos" (Apocalipsis 12:10). Consideremos mi texto favorito sobre este aspecto de la obra de Satanás. Se encuentra en el libro de Zacarías, en el Antiguo Testamento. Allí leemos este breve relato:

> Me mostró al sumo sacerdote Josué, el cual estaba delante del ángel de Jehová, y Satanás estaba a su mano derecha para acusarle. Y dijo Jehová a Satanás: Jehová te reprenda, oh Satanás; Jehová que ha escogido a Jerusalén te reprenda. ¿No es éste un tizón arrebatado del incendio? Y Josué estaba vestido de vestiduras viles, y estaba delante del ángel (Zacarías 3:1-3).

¿Qué está pasando aquí? ¿Te imaginas el cuadro? Antes

de que el sumo sacerdote pudiera ejercer su ministerio, tuvo que pasar por unos rituales ceremoniales elaborados. Eran ritos de purificación que tenía que llevar a cabo antes de osar entrar al lugar santo. Ahora, cuando acude a ministrar ante Dios, quien se aparece es Satanás. Está allí para presentar acusaciones contra Josué, el sumo sacerdote. Es como si compareciera delante de Dios y preguntara: "¿Cómo puedes permitir que este hombre venga a tu presencia, Dios? ¿No ves que sus vestiduras están sucias? Está demasiado manchado. Está demasiado contaminado para tener comunión contigo". ¿Te has preguntado alguna vez esto?

Es extraordinario que una de las primicias de nuestra justificación no solo sea la paz con Dios, sino también el acceso a su presencia (Romanos 5:1-2). Tan pronto como queremos entrar a su presencia y disfrutar de la comunión con Él, Satanás aparece y acusa: "Mira tu pecado. ¿Cómo puedes tener comunión con Dios? Sigues pecando. Estás cubierto de suciedad. Tu ropa está manchada. No puedes estar en la presencia de Dios". ¿Qué efecto tiene esto sobre ti? Te aplasta. Te paraliza.

Pecamos como cristianos y, cuando transgredimos, dos personas llaman la atención sobre este pecado. Una es el Espíritu Santo y la otra es Satanás. La obra del primero incluye convencernos de pecado. Atraerá nuestra atención a nuestras transgresiones, nos las revelará y nos infundirá gran remordimiento. Por otra parte, Satanás vendrá y se centrará en esa misma transgresión.

¿Cuál es la diferencia? Satanás no tiene que fabricar pecados para acusarte de estos. En nosotros existen muchas transgresiones reales y él puede llamar nuestra atención al respecto. Las vestiduras de Josué *estaban* sucias. Satanás solo estaba señalando algo obvio, era una de las pocas veces que no estaba mintiendo. Declaró: "Este hombre viste ropa sucia", y esto *era* así. ¿Cuál es la diferencia? El propósito de Satanás y su obra acusatoria consisten en destruirte, paralizarte, herirte e impedir que crezcas en tu relación con Cristo.

Sin embargo, por doloroso que pueda llegar a ser, cuando el Espíritu Santo nos convence de pecado, esto conlleva algo dulce, ¿verdad? Cuando el Espíritu nos convence de pecado, siempre viene acompañado de la gracia del Padre para sanarnos y perdonarnos, no para llevarnos a la desesperación. No acude para paralizarnos, sino a liberarnos. Más vale que seamos capaces discernir la diferencia entre la convicción del Espíritu Santo y la acusación de Satanás.

Dios sabe que somos pecadores, pero responde con la afirmación: "Satanás, por supuesto que sus vestiduras están sucias, pero yo te reprendo. Sé que su ropa no está limpia, pero le he arrancado del fuego" (ver Zacarías 3:2). Escucha lo que Dios hace:

> Y habló el ángel, y mandó a los que estaban delante de él, diciendo: Quitadle esas vestiduras viles. Y a él le dijo: Mira que he quitado de ti tu pecado, y te he hecho vestir de ropas de gala. Después dijo: Pongan mitra limpia sobre su cabeza. Y pusieron una mitra limpia sobre su cabeza, y le vistieron las ropas. Y el ángel de Jehová estaba en pie (Zacarías 3:4-5).

Es una hermosa imagen del evangelio de redención. El primer acto redentor fue cuando Dios mismo condescendió y vistió la desnudez de sus criaturas incómodas y avergonzadas en el jardín del Edén (Génesis 3:21). Cubrió sus cuerpos desnudos. En Zacarías 3 pone ropa limpia, fresca, regia sobre un sacerdote cuyas vestiduras están manchadas. ¿No es esta la imagen utilizada a lo largo de las Escrituras para la obra de Cristo? Isaías 64:6 declara que: "Todas nuestras justicias [son] como trapo de inmundicia" a los ojos de Dios. Pero la justicia de Cristo nos cubre. Por tanto, cuando Satanás me diga: "Tu ropa está sucia", yo le contestaré: "Mira las vestiduras de Cristo. Él es mi justicia. Él es quien me cubre".

Ahora entendemos mejor contra qué estamos luchando: el mundo que se nos resiste desde la cuna hasta la tumba, la carne que odia la más mínima victoria del nuevo hombre en el Espíritu y el diablo, un ser inteligente, personal, creado y caído, mucho más poderoso e inteligente que nosotros. Estamos perdidos y no podemos ganar esta guerra en y por nosotros mismos, pero la buena noticia es que tenemos a Dios Padre, a su Hijo, a su Espíritu y a su iglesia para darnos la victoria.

3

Hacer lo correcto

Tendemos a tomar nuestras decisiones basándonos en lo que es oportuno, agradable o beneficioso. Sin embargo, como cristianos hemos sido llamados a sentirnos motivados a hacer lo correcto. Y sabemos que actuar de este modo no siempre es conveniente, agradable o beneficioso; en realidad, podría tener un alto precio.

¿Te has sentido alguna vez frustrado porque quienes tenían autoridad sobre ti no te proporcionaron directrices claras? Ya fueran tus padres, tus maestros, tus líderes o tus jefes, no te explicaron con precisión qué esperaban de ti. Esa es una de las experiencias más frustrantes del mundo.

Cuando inicias tu peregrinaje cristiano, es un asunto de máxima preocupación. ¿Qué espera Dios de ti? Primero vienes a los pies de la cruz. Una vez purificado de tu pecado, exclamas: "¡Heme aquí, envíame a mí! ¿Qué quieres que haga, Señor?" (ver Isaías 6:8). Si no nos queda claro lo que el Señor espera de nosotros, nos sentimos confusos, desalentados, decepcionados, frustrados y, en muchos casos, paralizados. Esta es la pregunta que queremos considerar en este capítulo: ¿Qué quiere Dios que hagas? ¿Qué espera Dios de sus hijos?

A estas alturas del libro hemos considerado el objetivo general de la creación. Las personas fuimos creadas a imagen de Dios para que pudiéramos reflejar su santidad. Nos referimos a la pregunta del catecismo: "¿Cuál es el fin principal del hombre?". Y respondimos: "Glorificar a Dios".

Sin embargo, ¿qué significa glorificar a Dios en este mundo de manera concreta, práctica y realista? ¿Qué quiere decir reflejar la santidad de Dios?

Martín Lutero me ofreció una de las respuestas más concretas que conozco a esta pregunta. Declaró que todo cristiano está llamado a ser Cristo para su prójimo. Aunque esta contestación puede ayudarnos en gran manera por lo concreta que es, también cabe la posibilidad de que nos estorbe por resultar engañosa. Tenemos delirios de grandeza cuando cualquiera de nosotros piensa que somos en verdad el Mesías. Ciertamente *no* se nos ha llamado a redimir a nuestro vecino de la puerta de al lado. Lutero quería decir otra cosa. Ser Cristo para nuestro prójimo significa que nuestra vida esté tan conformada a la voluntad divina que, cuando las personas nos vean, estén contemplando la santidad de Cristo reflejada en nuestra vida.

Lo creas o no, en nuestra sociedad las personas siguen hoy anhelando ideales y principios. Cuando profesas a Cristo, los incrédulos tendrán ciertas expectativas respecto a ti. Cuando no vives como ellos esperan, se decepcionan y esto provoca enojo. Pablo mismo nos advirtió de esta realidad en Romanos 2:24: "El nombre de Dios es blasfemado entre los gentiles por causa de vosotros". Somos llamados a perseguir la justicia, mostrar misericordia y amarnos los unos a los otros. Cuando nosotros, los que llevamos el nombre de Cristo, somos de manera habitual una mala representación de su carácter, el mundo opina, con razón: "No hay esperanza para la humanidad si los cristianos no pueden vivir la vida cristiana".

Cuando procuramos la gloria de Dios en todos los ámbitos de la vida, el mundo incrédulo lo nota; es imposible que no lo haga. Y ¿a qué me refiero con la gloria de Dios? Cuando el término "gloria" se usa en relación con Él, tiene que ver con su propio ser interior. En un sentido, este ser interior de Dios siempre es y será invisible para nosotros.

Solo cuando el ser interior de Dios se manifieste de forma externa mediante cosas tangibles, visibles, perceptibles, logramos cierto entendimiento sobre este peso, esta relevancia y esta dignidad divinos. Leemos sobre estos acontecimientos especiales en la Biblia, donde Dios se revela a sí mismo a través de una teofanía, por medio de una señal externa. Piensa en cuando Moisés vio la zarza ardiente y la columna de nube, o cuando los ángeles se aparecieron a los pastores después del nacimiento de Cristo y la gloria de Dios resplandeció alrededor de ellos. Esta es la gloria de la shekiná: la dimensión visible, externa, hacia fuera de la gloria divina, pero principalmente la "gloria" tiene que ver con quien Dios es en y por sí mismo.

La gloria de Dios alude a quien Dios es, no a lo que Él hace. Esto también se podría afirmar respecto a su santidad. Se refiere principalmente al ser de Dios y no a su actividad. Cuando la Biblia habla de las acciones de Dios, de lo que Él hace para manifestar su gloria, el término normal utilizado es "justicia". Lo mismo sucede con nosotros. Primero debemos ser santos en Cristo antes de poder mostrar a Cristo al mundo exterior. La forma principal de cumplir nuestro destino de glorificar a Dios como criaturas hechas a su imagen es por medio de la práctica de la justicia.

Una de mis mayores preocupaciones por la iglesia es lo poco que se habla de la justicia. Incluso en las comunidades mismas donde se procuran los medios de gracia, donde el Espíritu de Dios está presente, donde el pueblo cristiano se toma muy en serio la obediencia a Él, no escuchamos hablar casi nada de la justicia. Piensa en esto: ¿Cuándo fue la última vez que tu iglesia predicó sobre la justicia? Ni siquiera nos gusta el término.

La nomenclatura del mundo evangélico de hoy es "espiritualidad" o "piedad" o "moralidad". No somos llamados a ser impíos o inmorales y, desde luego, no debemos ser poco espirituales. La Biblia afirma que estamos orientados al espíritu, pero permíteme indicarte algo que te puede chocar. El objetivo de la vida cristiana no es la espiritualidad ni la piedad, ni la moralidad. La meta de la vida cristiana es la justicia.

No tratamos de hacer esfuerzos espirituales, de buscar poder, dones y disciplinas espirituales para poder ser espirituales. Los procuramos para poder ser *justos*. La espiritualidad es un medio para el fin de la justicia. La moralidad puede practicarse sin tener en vista la gloria de Dios, y solo se puede practicar la piedad en términos de observación externa, religiosa. ¿Qué provecho hay en que una persona eleve sus oraciones, lea quince capítulos de la Biblia cada día, acuda cada domingo a la iglesia y ponga su diezmo en la bandeja de la ofrenda, si no practica nunca la justicia?

No debemos apoyarnos jamás en nuestro propio mérito para entrar en el reino de Dios. Solo por la justicia de Cristo podremos comparecer un día delante de Él. Si Dios nos quitara puntos por nuestras iniquidades, pereceríamos en un momento (Salmos 130:3). Todos lo sabemos, de manera que tendemos a permanecer alejados de ese concepto de justicia. La nuestra está en Cristo. Nuestra justificación se encuentra tan solo en su mérito. Por tanto, no pensamos que tengamos que hablar de justicia.

Sin embargo, este Salvador justo, cuya justicia nos redime, es el mismo que nos llama a la justicia. Sí, somos justificados solo por la fe, pero no por una fe que permanece sola. Si es fe verdadera, permanente, vital, si es lo que Lutero denominaba *fides viva* —una fe viva—, producirá el fruto de la justicia. Esas acciones justas no nos salvarán nunca ni nos redimirán, y tampoco añadirán una pizca de mérito, pero tienen que estar presente si vamos a obedecer a Cristo. Jesús declaró: "Si me amáis, guardad mis mandamientos" (Juan 14:15). Esto es lo que significa vivir en justicia.

Echemos un vistazo a una frase pronunciada por Jesús que me resulta aterradora. Procede del Sermón del Monte, de manera específica de Mateo 5:20, donde Jesús advirtió: "Porque os digo que si vuestra justicia no fuere mayor que la de los escribas y fariseos, no entraréis en el reino de los cielos". No entiendo por qué tantos cristianos pueden leer esto y permanecer impasibles. Significa que Jesús te exige que seas verdaderamente justo. Una vez más, esto no implica que nuestros hechos justos sean la base meritoria para nuestra justificación. En su lugar, son la prueba segura y presente y el fruto de nuestra justificación. ¿A cuántas personas conoces cuya principal prioridad es la búsqueda de la justicia?

El enfoque dramático del Sermón del Monte es el reino del cielo o el reino de Dios. Jesús está indicando que, a menos que la justicia de una persona exceda la de los líderes religiosos de la época de Jesús, no hay forma posible de que pueda entrar en el reino de los cielos. Nuestro objetivo como cristianos genuinos consiste en entrar en este reino. Nuestro deseo es experimentar la consumación de la redención bajo el reino de Dios. Esto significa que nos debe importar la condición a cumplir para poder hacerlo.

En Juan 3, como vimos en el último capítulo, Jesús le señaló a Nicodemo: "De cierto, de cierto te digo, que el que no naciere de agua y del Espíritu, no puede entrar en el reino de Dios" (Juan 3:5). En Mateo 5:20 declara: "Porque os digo que si vuestra justicia no fuere mayor que la de los escribas y fariseos, no entraréis en el reino de los cielos".

Por tanto, debemos preguntar: "¿Cuánta justicia tenían los escribas y los fariseos?". Conocemos la mordaz condenación de la que Jesús hizo tan a menudo objeto a este grupo religioso. Así, sentimos la tentación de pensar que estos dirigentes eran los peores pecadores que encontramos en el Nuevo Testamento. No parece complicado tener una justicia superior a la de ellos.

Sin embargo, debemos tener en mente que existen otras veces cuando Jesús elogia a los fariseos por ciertas cosas que hicieron. Apartaban su vida entera para buscar la justicia con todas sus fuerzas. Su singular propósito era su búsqueda de la justicia. Cuando otros estaban visiblemente involucrados en buscar comercio, fama y fortuna, los fariseos tenían una devoción particular hacia la obediencia, la piedad y la justicia. En realidad, se autodenominaban fariseos porque eran los apartados o los separados; pero, por supuesto, se preocupaban por las exhibiciones externas de justicia mientras descuidaban sus corazones y sus almas.

Miremos por un momento varios de los cumplidos que Jesús les hizo a los fariseos, formulados a modo de amonestación. Primero, consideremos Mateo 23:23: "¡Ay de vosotros, escribas y fariseos, hipócritas! porque diezmáis la menta y el eneldo y el comino, y dejáis lo más importante de la ley: la justicia, la misericordia y la fe: Esto era necesario hacer, sin dejar de hacer aquello". No cumplir con el diezmo había sido un pecado generalizado en Israel, pero los fariseos eran escrupulosos al respecto. Daban lo que la ley les exigía y mucho más, como Jesús mismo admitió. He leído estudios que indican que solo el cuatro por ciento de los miembros de las iglesias evangélicas cristianas diezma en la actualidad, lo que significa que el noventa y seis por ciento de los cristianos evangélicos profesantes roban a Dios sistemáticamente los diezmos.

Lo que me resulta relevante es que, aunque para Jesús el diezmo era ciertamente parte de la ley, no lo consideró como el asunto de mayor peso. Afirmó que los fariseos eran tan escrupulosos que diezmaban su menta y su comino, pero que omitían cuestiones legales de mayor envergadura. Para Él, la justicia y la misericordia son claramente más importante que diezmar. Pero esto no significa que podamos comparecer delante de Dios en el día del juicio y justificarnos: "Dios, sé que te robé el diezmo y la ofrenda. No te di el diez por ciento, pero es que me preocupaban cosas más importantes. Estaba tan involucrado en trabajar por la justicia, en mostrar misericordia y en ser amoroso, que sencillamente se me pasó por alto esta obligación en particular".

¡No! Cuando Jesús habla de los asuntos de mayor y menor importancia de la ley, no quería señalar que las cuestiones menores fueran opcionales. La totalidad de la idea es que esos fariseos, reprendidos por ser tan pecaminosos, al menos diezmaban. Como mínimo hacían algo que el noventa y seis por ciento del pueblo que profesa ser cristianos regenerados no hacen hoy. Los fariseos superaban al noventa y seis por ciento de nosotros en justicia sobre este punto, ¿no es así?

A continuación, considera las palabras de Jesús en Juan 5:39: "Escudriñad las Escrituras; porque a vosotros os parece que en ellas tenéis la vida eterna". Es evidente que los fariseos solo tenían un compromiso externo y superficial con el estudio de la Palabra de Dios. No entendían la esencia del evangelio. Se perdían el mensaje de las Escrituras que procuraban encontrar con diligencia, pero al menos las escudriñaban. Podrías señalar que lo hacían por motivos equivocados y es probable que tuvieras razón, pero ¿qué motivo correcto tenemos nosotros para justificar que no lo hacemos? Ellos hacían lo correcto por el motivo equivocado; nosotros hacemos lo incorrecto por el motivo equivocado. Es como si ellos fueran más justos en este punto que muchos de nosotros hoy.

Finalmente, considera el entusiasmo de los fariseos sobre el ayuno y la oración. En Lucas 5:33, las personas retaron a Jesús preguntando: "¿Por qué los discípulos de Juan ayunan muchas veces y hacen oraciones, y asimismo los de los fariseos, pero los tuyos comen y beben?". Podemos mostrarnos reacios ante su santurronería y su deseo de ser vistos por los hombres, pero, al menos, ellos oraban y ayunaban. ¿Acaso se dedicaban más que nosotros a estas disciplinas espirituales?

¿Estás captando la idea?

Toda esta rigurosa disciplina de los fariseos en la búsqueda de la justicia está casi ausente entre nosotros. Cuando Jesús afirma que nuestra justicia tiene que ser superior a la de los fariseos, no nos está alentando a mantener el espíritu de la ley y olvidar la letra. Está declarando que la justicia auténtica hace todas estas cosas. La justicia auténtica hace lo correcto. Es adecuado escudriñar tu Biblia, pagar tus diezmos, ayunar y orar, pero si tu corazón no está como es debido, tus obras externas no se consideran justas. A Dios le interesa tanto lo externo como lo interno. Jesús exige el fruto real de la justicia auténtica.

Déjame compartir contigo la buena nueva. El prerrequisito absoluto para que cualquiera entre en el reino de

Dios es que la justicia de Cristo le sea imputada por fe. La doctrina de la justificación solo por la fe significa que la justificación solo es por Cristo. Él es nuestra justicia. Para todos los que depositan su fe genuina y sinceramente en Cristo, Dios les imputa su justicia. Esto significa que, si Dios ha acreditado en nuestra cuenta la justicia de Jesús, tenemos una justicia que sobrepasa cualquier justicia con la que los escribas y los fariseos soñaron jamás.

Jesús quiere que entendamos el evangelio de su justicia, disponible por la fe. Él mismo satisfizo la condición necesaria para nuestra entrada al reino de Dios. Con anterioridad, Jesús declaró en Mateo 5: "No penséis que he venido para abrogar la ley o los profetas; no he venido para abrogar, sino para cumplir" (Mateo 5:17). Podría haber añadido: "Vine a cumplir la ley por ustedes. He tomado su lugar bajo la ley, y he obedecido cada jota y cada tilde de esta. Cada mandamiento que el Padre le dio a Israel he cumplido. No para mi propio beneficio, no por mi propia redención, no por mi propia entrada al reino de Dios. Lo he hecho por ustedes. Esa justicia es la que deben poseer para entrar en el reino de mi Padre".

La principal prioridad del cristiano es la búsqueda de la justicia. Quiero ser una persona justa. Quiero hacer lo correcto. Y esa justicia se define, en última instancia, por el carácter de Dios mismo. Este carácter es el que supuestamente debemos emular. En segundo lugar, el carácter de Dios queda definido para nosotros por sus mandamientos. Justicia significa obediencia a los mandatos divinos, hacer lo que Él nos pide. Actuamos como los fariseos cuando sustituimos las prioridades de Cristo por tradiciones de

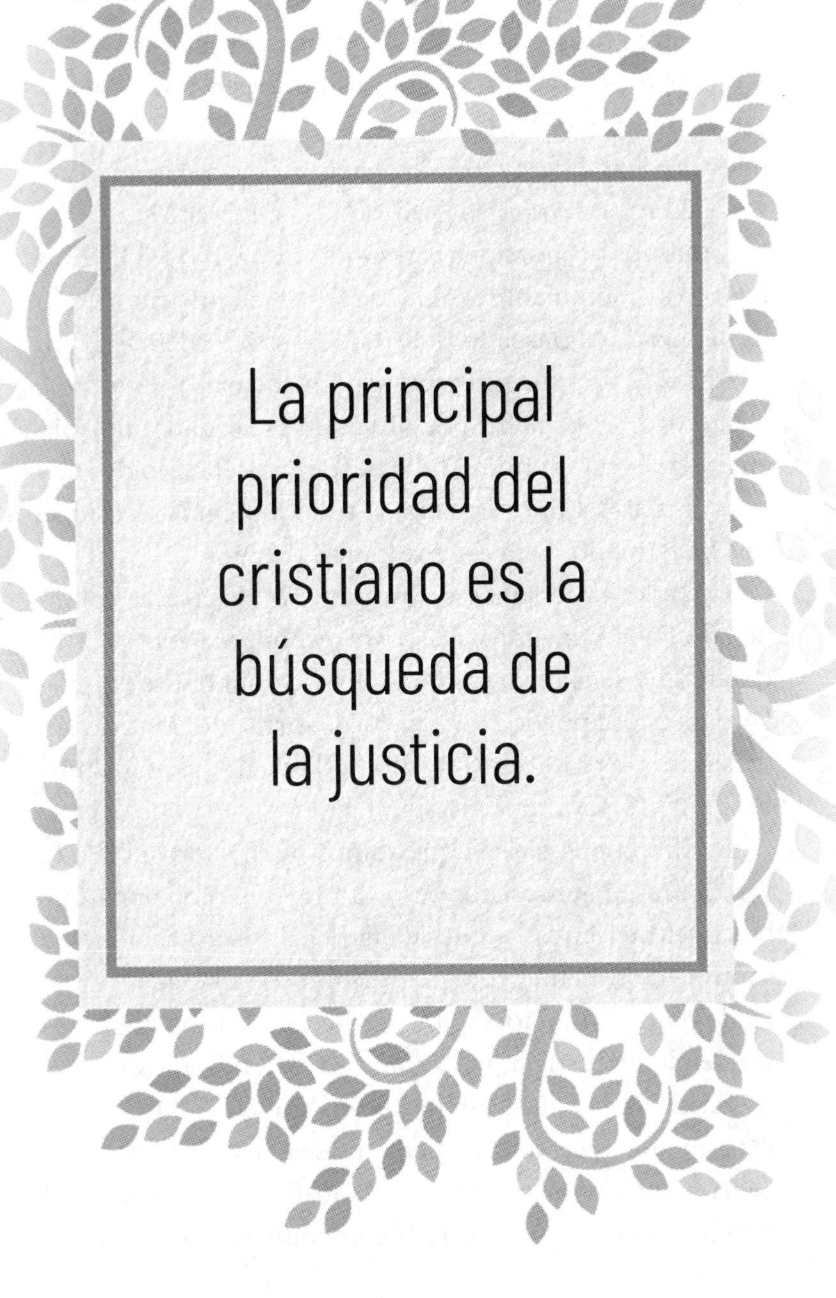

La principal
prioridad del
cristiano es la
búsqueda de
la justicia.

hombres. En un sentido, es necesario que leamos la Biblia con nuevos ojos y que la escuchemos con nuevos oídos. No debemos sustituir los valores de Cristo por aquellos que se infiltran desde la cultura en la que vivimos. Desvían nuestra mirada de las cosas que más le preocupan a Cristo.

¿Cuáles son, pues, las prioridades de Cristo?

Jesús nos proporciona el resumen de Mateo 6:33: "Mas buscad primeramente el reino de Dios y su justicia". Todo lo demás es el glaseado del pastel. Todo lo demás es un añadido. El término griego aquí para "primero" es *protos*, y significa "el primero por orden de prioridad", no solo en orden de temporalidad. La búsqueda del reino de Dios y su justicia está por encima de todo lo demás. A esto se nos ha llamado. Esta es la voluntad de Dios.

Cuando las personas me preguntan: "¿Cuál es la voluntad de Dios para mi vida?", yo respondo: "No sé si Él quiere que seas médico, abogado o comandante en jefe. Pero una cosa puedo contestarte de forma dogmática, sin disculparme por ello: "La voluntad de Dios es [tu] santificación" (1 Tesalonicenses 4:3).

La Biblia nos enseña que somos justificados por la fe verdadera en Jesucristo, pero también entendemos que la santificación es lo que le sigue a la justificación. La santificación es un proceso que dura toda la vida, por el cual somos cambiados para ser hechos santos. Estamos creciendo en justicia; nos estamos volviendo justos.

En una ocasión, Martín Lutero comentó que la conversión no hace que la persona sea justa al instante. Ciertamente Dios nos imputa la justicia de Cristo en el momento de creer. Pero también comienza a formar la justicia en nuestro interior. La santificación es como un medicamento curativo: desde luego llevará a la persona a la plenitud de la salud, pero exige tiempo. No somos sanados del todo en el momento en que nacemos del Espíritu, pero poseemos dentro de nosotros el medicamento que efectuará sin duda esa cura en toda su plenitud.

Si la transformación a la justicia de Cristo no se inicia de inmediato cuando profesas fe en Él, esto significa simple y llanamente que no tienes fe salvífica genuina, porque esto es imposible sin llevar fruto; no me refiero a un fruto plenamente maduro, desde luego, sino un fruto que empieza a desarrollarse inmediatamente. La santificación no se inicia cinco años después de la justificación. Comienza en el instante en que estamos en Jesucristo.

En cuanto nos convertimos somos una persona cambiada, si la conversión es verdadera. No eres una persona perfeccionada, sino cambiada, y empiezas a presentar los frutos de la justicia. Esta justicia que comienzas a demostrar no es, de ninguna manera, la base de tu justificación. No conlleva mérito alguno; solo la justicia de Cristo lo hace. Solo la justicia de Cristo te introducirá en el reino de Dios, pero, si tienes fe verdadera, habrá una justicia real que emerge y se va desarrollando.

¿Te sorprendes algunas veces preguntándote si eres lo bastante justo para entrar en el reino de Dios? Si estás considerando tu propia justicia, no necesitas interrogarte más al respecto. Sentirás desesperación porque esa justicia sea suficiente para satisfacer las exigencias de la ley divina. Dios es un Dios justo y santo, y nos pedirá cuentas a cada uno de nosotros por nuestras vidas, al final de los tiempos.

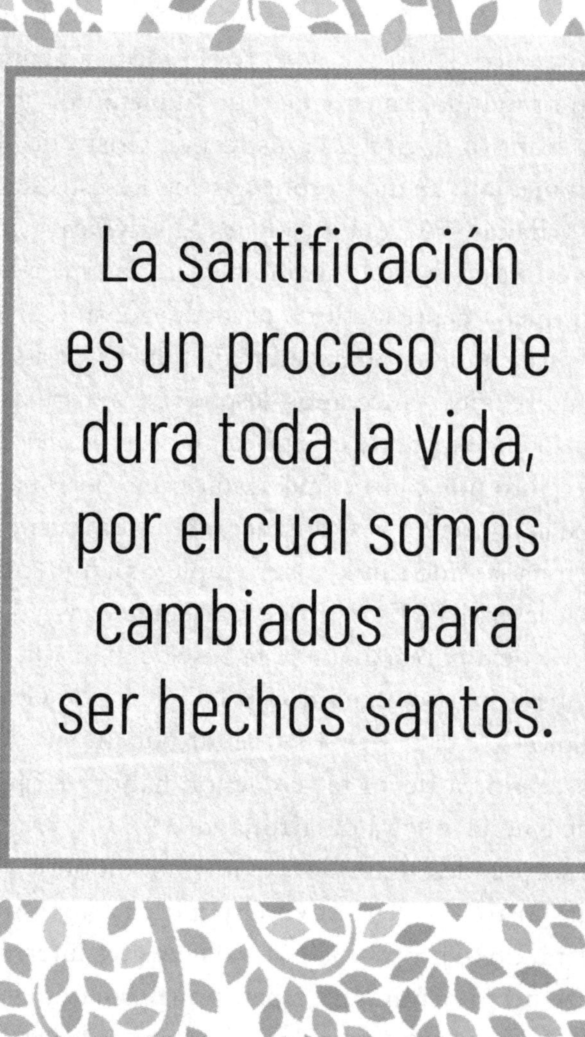
La santificación
es un proceso que
dura toda la vida,
por el cual somos
cambiados para
ser hechos santos.

Cuando comparezcamos delante de Dios, o bien lo haremos desnudos, confiando en nuestras propias obras y en nuestros trapos de inmundicia, o bien nos presentaremos vestidos de la justicia de Cristo que se concede a todos los que depositan verdaderamente su fe en Él. La peor necedad que podrías cometer jamás es suponer por un momento que puedes acudir a la presencia de un Dios santo basándote en tus propios actos, tu mérito, tus obras o tu propia justicia. La única justicia suficientemente santa para satisfacer las exigencias de la ley de Dios es la justicia de Cristo. La única forma de poder tenerla es mediante la fe genuina.

La seguridad de la salvación

Uno de los ingredientes más importantes para facilitar el crecimiento espiritual es tener la seguridad de la salvación firmemente establecida en nuestra mente. Existe una tremenda desventaja cuando se vive la vida cristiana en la incertidumbre de no saber dónde se halla uno respecto a Dios. Esa inseguridad te hace extremadamente vulnerable a los ataques de Satanás, el mundo y la carne. Es necesario tener claro que pertenecemos a Cristo. Al llegarnos este ofrecimiento de perdón gratuito por medio de la fe, no es preciso que busquemos la santidad por temor.

En su lugar, la búsqueda de la santidad debería ser una respuesta de amor y obediencia de quienes han sido perdonados de manera gratuita. Cuando entendemos la riqueza de la gracia divina y nuestros corazones están llenos de amor, gozo y gratitud, ¿cuál será, pues, nuestra respuesta natural? "Señor, ¿qué quieres que haga? ¿Cómo puedo agradarte? ¿Cómo puedo darte las gracias por la maravillosa gracia por la cual me has aceptado en el Amado?". Este es el único motivo legítimo para la búsqueda de la justicia.

Cuando tratamos con el tema de la salvación, lo habitual en teología es contemplarla en su sentido más amplio y, a continuación, dividirla en todos sus elementos. En la teología sistemática denominamos esta forma de considerar la salvación el *ordo salutis,* que es, sencillamente, una forma elaborada de decir "el orden de la salvación". La totalidad de la salvación está formada de partes individuales que se producen en una secuencia, de forma consecutiva. Empezamos nuestra vida cristiana cuando Dios insufla en nosotros la vida del Espíritu y hace que nazcamos de nuevo. De esta regeneración surge la respuesta humana de la fe y del arrepentimiento. Tan pronto como creemos en Cristo y nos arrepentimos de nuestros pecados, el siguiente gran momento en nuestra salvación es nuestra justificación.

La justificación se encuentra en el comienzo de la vida cristiana, en el momento cuando creemos verdaderamente en Cristo. En ese instante, Dios acredita en nuestra cuenta la justicia de Cristo, y somos declarados justos. Martín Lutero expresó este concepto con la frase *simul justus et peccator.* Estas cuatro palabras en latín significan que somos justos y pecaminosos al mismo tiempo. ¿Cómo puede ser esto? A primera vista, parece una contradicción, ¿verdad? Pero somos realmente justos en virtud de la justicia de Cristo, que nos es dada. Dios te imputa la justicia de Jesús. Esta es la base de tu justificación. Sin embargo, por ti mismo, sigues siendo un pecador. Es la idea completa de la doctrina protestante de la justificación. Dios no espera hasta que seamos dignos de la salvación. No espera hasta que seamos santos para contarnos como justos. "Siendo aún pecadores, Cristo murió por nosotros" (Romanos 5:8).

La justificación se produce en los albores de la vida cristiana, y al resto del proceso de salvación le llamamos santificación. La gran disputa del siglo XVI entre la Iglesia católica romana y la Iglesia protestante, en su forma más simple, era esta: para Roma, la justificación *le sigue* a la santificación. Debes ser santificado antes de ser justificado con toda seguridad. El bautismo efectúa la justificación por medio de la administración del sacramento, pero esto es algo temporal. Solo dura mientras perseveras en la justicia. Tan pronto como cometas un pecado mortal, debes conseguir la absolución. Tienes que experimentar la penitencia para volver a ser justificado, pero solo permaneces en ese estado hasta volver a caer en un pecado mortal.

De este modo, Roma también niega cualquier posibilidad de tener la certeza de la salvación en este mundo. Aparte de una revelación extraordinaria, inmediata, especial y directa de Dios respecto a que estás seguro en sus brazos, nunca puedes tener semejante certeza. Nunca sabes si mañana cometerás un pecado mortal, fallecerás y lo perderás todo. En la Iglesia católica romana no serás plena y definitivamente justificado a menos, o hasta, que seas santificado primero.

Por otra parte, la doctrina protestante revierte el orden y afirma que *primero* somos justificados, como lo fue Abraham. En cuanto creyó, fue justificado. Pablo se extiende sobre este punto en Romanos 4. Ese es el principio del peregrinaje de fe. A continuación, la santificación es el proceso por el cual trabajamos en nuestra salvación, crecemos en gracia y somos conformados a Cristo. Incluso el término "salvación" es confuso, porque se usa en distintos sentidos en la Biblia. Fuimos salvos, somos salvos y seremos salvos. Somos justificados en el momento cuando creemos, pero eso solo es una parte de todo el proceso de salvación.

En este libro nos estamos centrando en el proceso de la santificación, progresar en nuestra vida espiritual. Desde esa perspectiva es imposible ser santificado a menos que uno sea primero justificado. Sin embargo, es posible ser justificado y no saberlo. Se puede estar en un estado de gracia y no ser consciente de ello. Cuando te esfuerzas en tu santificación, un peso opresor de angustia puede invadir tu vida cristiana en cierto sentido. El peregrinaje hacia la santificación, que es la lucha por la que se empieza, puede volverse de lo más gravoso.

Resulta difícil pelear por la fe cuando estás viviendo todo el tiempo en un temor mortal de que tus esfuerzos no sean bastante buenos. A continuación, nos quedamos encerrados en un torbellino interior, que es uno de los estorbos más desalentadores para el crecimiento espiritual. Por esta razón me preocupa profundamente que entendamos, al principio de nuestra vida espiritual, si de verdad nos encontramos o no en un estado de gracia.

Seguridad verdadera o falsa

Cuando pienso en la seguridad de la salvación, considero cuatro tipos de personas en el mundo. El primer grupo consiste en aquellos que no están en un estado de gracia. No son salvos. Están fuera del reino de Dios. Llamémoslos no redimidos. No son salvos y lo saben. Son conscientes de estar fuera de la comunión con Dios. El segundo grupo consta de los que están en un estado de gracia y lo saben. Son redimidos, y tienen claro que lo son. Tienen la seguridad de dónde se encuentran dentro de la comunión de Cristo. Al tercer grupo pertenecen, pues, aquellos que acabo de mencionar: los que están en un estado de gracia, pero no están seguros de ello. Son salvos, y no lo saben.

Ahora bien, estos tres grupos de personas son muy fáciles de perfilar. No nos causan problema alguno. Es el cuarto colectivo el que lo confunde todo. Se trata de los que no son salvos, pero creen serlo. Esto arroja una sombra sobre la seguridad. Y es que, si afirmo saber que soy salvo, que tengo la confianza de ser redimido, ¿cómo sé que no soy de esas personas que no siendo salvas están convencidas de serlo? ¿Te has preocupado por esto alguna vez?

Recuerda la crisis que se produjo en la vida de los discípulos mismos cuando Jesús estaba expresando una enseñanza de gran peso. Juan 6:66 declara: "Muchos de sus discípulos volvieron atrás, y ya no andaban con él". Algunos de su grupo de seguidores más devotos e íntimos se enrabiaron tanto por lo que su maestro estaba explicando, que se marcharon. Jesús les preguntó entonces a sus verdaderos discípulos: "¿Queréis acaso iros también vosotros?" (Juan 6:67). ¿Cuál fue la respuesta de Pedro? *No* replicó: "Nos encanta lo que estás afirmando. Esos tipos no entienden de teología. Para empezar, nunca fueron redimidos".

Si lees entre líneas, tal vez a Pedro no le gustara lo que Jesús estaba declarando y tampoco al resto de ellos, pero adoptó un planteamiento muy práctico: "Señor, ¿a quién iremos? Tú tienes palabras de vida eterna" (Juan 6:68). Esta es la idea que debemos tener clara antes de que exista esperanza alguna de progreso en la experiencia cristiana. Sin Cristo no podemos hacer nada. Tenemos que aclarar en qué punto está nuestra redención.

Permíteme esta pregunta: ¿Cómo es posible que personas no salvas estén convencidas de que lo son? Están confundidas respecto a los términos de salvación o en su propia autoevaluación. En su mayoría, el error que provoca la falsa sensación de seguridad procede de lo primero y no de lo segundo, es decir, de la comprensión errónea de lo que se requiere para ser salvo. Por esta razón, la Reforma fue una polémica tan violenta. Lutero entendió que el artículo sobre el cual la iglesia está firme o cae, y el artículo sobre el que *tú* estás firme o caes, es esta pregunta: ¿Cómo soy salvo? Una vez más, si queremos progresar en santidad, tenemos que saber en qué punto estamos con nuestro Dios.

La doctrina dominante en la actualidad no es la justificación solo por la fe ni la justificación solo por obras, ni la justificación mediante la fe más las obras. En nuestra cultura y en la iglesia de hoy, prevalece la justificación

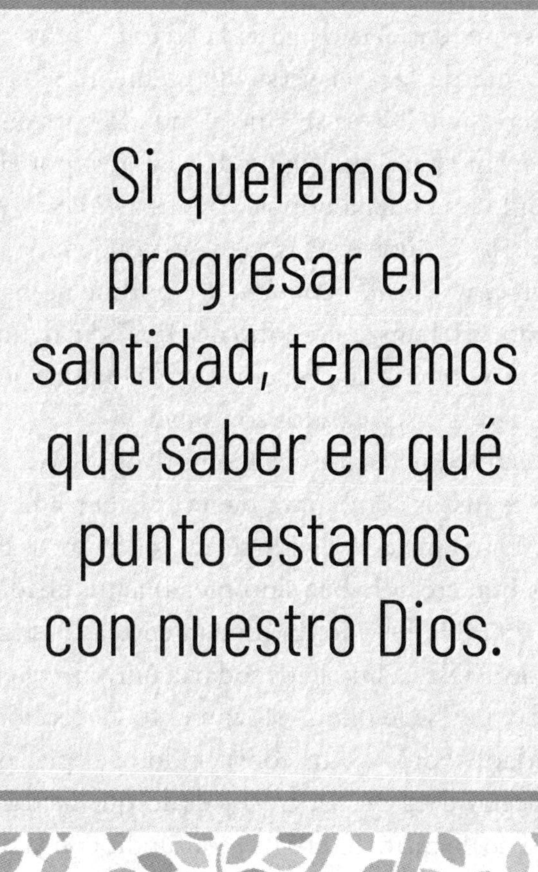

Si queremos progresar en santidad, tenemos que saber en qué punto estamos con nuestro Dios.

por la muerte. Lo único que tienes que hacer para entrar al cielo es morir, porque se da por sentado que todo el mundo acaba yendo allí. A todos les encanta citar Juan 3:16: "Porque de tal manera amó Dios al mundo, que ha dado a su Hijo unigénito, para que todo aquel que en él cree, no se pierda, mas tenga vida eterna".

Pero ¿qué declara el versículo siguiente, Juan 3:17? "Porque no envió Dios a su Hijo al mundo para condenar al mundo, sino para que el mundo sea salvo por él". Esto sigue siendo una buena noticia, ¿no es así? Pero ¿qué hay de Juan 3:18? "El que en él cree, no es condenado; pero el que no cree, *ya ha sido condenado*, porque no ha creído en el nombre del unigénito Hijo de Dios". Si algunas personas están condenadas, la peor suposición que podamos tener es la idea de que todos son salvos.

También están los que creen ser salvos porque se creen lo bastante justos como para merecer la entrada al reino de Dios. Estos pueden dividirse en dos grupos. Primero están los que creen haber sido plenamente obedientes a la ley divina. Ha habido un movimiento a lo largo de la historia de la iglesia que sigue todavía muy vivo en nuestra cultura de hoy. Se le llama Movimiento Perfeccionista (o de Santidad). Estos están convencidos de que, por una obra especial de gracia a través de lo que se denomina bautismo del Espíritu Santo (no confundir con la doctrina pentecostal más reciente), la persona puede llegar a ser verdaderamente perfecta ahora. ¿Qué opinaría Jesús de este movimiento?

Piensa en el joven dirigente rico que acudió a Jesús con una visión informal, arrogante de la ley de Dios. Le formuló al Señor la misma pregunta que estamos presentando: "Maestro bueno, ¿qué haré para heredar la vida eterna?" (Lucas 18:18). Y ¿qué le respondió Jesús? ¿Acaso le indicó: "Lo primero que tienes que hacer es esto y lo segundo esto otro"? No, sino que le enseña a este gobernante de qué trata toda la ley. Le señala: "Los mandamientos sabes: No adulterarás; no matarás; no hurtarás; no dirás falso testimonio; honra a tu padre y a tu madre" (Lucas 18:20).

La respuesta del joven es: "Todo esto lo he guardado desde mi juventud" (Lucas 18:21). Jesús no le contesta: "No, no lo has hecho". Él es mucho más sabio y perspicaz. Fue al fondo del asunto y le apuntó: "Aún te falta una cosa: vende todo lo que tienes, y dalo a los pobres, y tendrás tesoro en el cielo; y ven, sígueme" (Lucas 18:22). Finalmente, leemos: "Entonces [el hombre], oyendo esto, se puso muy triste, porque era muy rico" (Lucas 18:23).

¿Por qué pasó Jesús de la vida eterna y de la exposición de la ley al dinero? La idea de nuestro Señor no era enseñar que es obligatorio que todos los cristianos, si quieren entrar en el reino de Dios, deban prescindir de todos sus bienes mundanos. ¿Qué estaba haciendo Jesús aquí? El dirigente acababa de afirmar: "He observado la ley desde que era un niño". De modo que Jesús empieza con el primer mandamiento: "No tendrás dioses ajenos delante de mí" (Éxodo 20:3). En esencia, estaba manifestando: "Veamos si cumples la ley. Tu dinero es un dios. Deshazte de tu dinero".

No podía hacerlo. Falló en el primer punto de la prueba, y Jesús enseñó a aquel hombre algo de lo que exige la santidad de Dios. Dios es santo y reclama santidad en sus criaturas. Si algunos creen haber alcanzado esa santidad, han caído en el peor de todos los autoengaños. La única forma de creer ese embuste es rebajar los estándares de Dios, y es exactamente lo que hacemos.

Y esto me lleva al segundo grupo. Están los que reconocen que no son perfectos —saben que son pecadores—, pero dan por sentado que la membresía de la iglesia es su boleto al cielo. Se cuentan por montones esta clase de personas. ¿Te has preguntado alguna vez por qué crece la asistencia el domingo de Pascua y el domingo de Navidad? Bromeamos sobre ese porcentaje particular de la membresía de la iglesia que asiste como un reloj, lo necesiten o no, un par de veces al año. Y solo están ahí en esas ocasiones. ¿Para qué molestarse únicamente en esas dos semanas de las cincuenta y dos que hay? ¿Por qué actúan así las personas?

Creo que es teóricamente posible que un cristiano regenerado caiga en semejante holgazanería en su crecimiento espiritual que descuide el medio de gracia —congregarse con los santos—, y siga un patrón en el que no va a la iglesia más que dos veces al año. Esto es concebible y es posible que, si formas parte de estos, sigas siendo en realidad cristiano.

Pero, querido amigo, las probabilidades en contra son astronómicas. San Agustín afirmó que quienes no tienen la iglesia como madre no tienen a Dios como Padre. Cuando Cristo redime a su pueblo, lo coloca en su cuerpo, la iglesia, e impone una nueva obligación: juntarse en comunión con la comunidad cristiana. Por esta razón, uno de los medios más importantes de gracia es la participación en el cuerpo de Cristo. ¿Cómo podría sobrevivir un cristiano sin esta participación? ¿Cómo podría alguien que ama de verdad a Cristo ausentarse de forma persistente y repetida de la comunión con los cristianos? Necesitas a la iglesia con desesperación. No puedes ser santificado sin la iglesia.

Por supuesto, la iglesia no puede salvarte. La participación en la iglesia no es la base de la salvación. No fue la iglesia quien murió en la cruz por ti. No tiene el papel de Redentor, sino que sirve al Mediador. Es su cuerpo. Solo Cristo puede salvarte. Y la pregunta es: "¿Confías en Él o estás contando con tu asistencia a la iglesia?".

Todo el propósito de este libro consiste en proporcionarte formas de crecer espiritualmente. En este capítulo, estoy sosteniendo que no progresarás hasta que tengas la seguridad de tu salvación resuelta. En esta sección he tratado únicamente el falso sentido de seguridad. Hemos de tener claro en nuestra mente en qué punto está nuestra salvación y de dónde procede. Te estoy señalando todas las cosas en las que no confiar para tu salvación, porque hay muchas razones para identificarse con la iglesia aparte del amor genuino por Cristo.

Nuestra seguridad solo puede llegar cuando confiamos en Cristo exclusivamente para nuestra justificación. Permíteme expandirme sobre ello y comunicarte otras malas noticias. Tengo que preguntarte: "¿En qué estás confiando para la vida eterna?". Si tu confianza está en la iglesia, tienes problemas. Es una falsa sensación de seguridad. Si estás confiando en tu propia justicia, estás en un aprieto. Es una falsa sensación de seguridad.

Si declaras: "En lo que de verdad estoy confiando es en la gracia", ten cuidado con tu forma de entenderla. Nuestra cultura tiene una comprensión distorsionada de este concepto. Afirma: "Sí, solo puedo entrar al cielo por la gracia de Dios. Reconozco que soy un pecador y que solo la gracia me salvará, pero si Dios es verdaderamente misericordioso, sin duda me incluirá. Me lo debe". Esta es una trágica confusión de la justicia y la gracia. La gracia es cuando obtienes algo que *no* mereces. Dios no te debe su gracia.

Una vez más, la salvación se produce al confiar tan solo en Cristo. Pero la siguiente pregunta que se ha de formular es: "¿En qué Cristo confías? ¿Conoces realmente quién es Él?". Podemos recurrir a la cultura y encontrar cincuenta perspectivas diferentes sobre la identidad de Jesús y suelen ser mutuamente exclusivas. Casi cada sistema filosófico de los últimos quinientos años ha intentado aceptar a Jesús como portavoz. ¿Acaso es un revolucionario político? ¿Un auténtico héroe existencial o un maestro de valores? Estos son algunos de los énfasis que hallamos en nuestra cultura.

El único Cristo que puede redimirte es aquel que existe de verdad, y el Cristo bíblico es el único que te redimirá si depositas tu fe en Él. Esta es la pregunta que te debes hacer en términos muy simples. Debes ir al meollo de las Sagradas Escrituras, entrar en contacto con ese Jesús bíblico e inquirir con toda la sinceridad posible: "¿Cuál es mi postura respecto a Él? ¿Cuál es mi relación con este Jesús bíblico?".

Sin embargo, cuando te hagas estas preguntas, consuélate sabiendo que Pablo y Pedro pecaron y, aun así, tuvieron la seguridad de su salvación. La Biblia nos proporciona esta consolación desde el principio: puedes saber que es posible pecar y seguir siendo cristiano: *simul justus et peccator*. No te cuestiones: "¿Amo perfectamente a Cristo?". En su lugar, pregúntate: "¿Le amo de verdad? ¿Deseo el triunfo de Cristo? ¿Espero su venida con gozo?". ¿Lo ves? A la persona natural le resulta imposible tener cualquier afecto religioso auténtico hacia Jesús. La persona natural está enemistada con Dios (Romanos 8:7; 1 Corintios 2:14).

Algunos pueden estar enamorados de un falso Jesús, un Jesús de plástico, un Jesús que no existe. Están aquellos que afirman: "Sí, amo a Dios", y a continuación le definen como amor y misericordia, sin exigencia alguna. Y yo les pregunto: "¿Amas la santidad de Dios o te enojas cuando hablamos de esta? ¿Amas su soberanía o esto provoca que te apartes? ¿Amas la justicia de Jesús? ¿Reconoces que Él es absolutamente digno de amor? ¿Quieres amarle aún más?". No puedes sentir ese deseo a menos que el amor de Dios ya esté en tu corazón, a menos que ya hayas sido vivificado por Dios Espíritu Santo (Romanos 5:5; Efesios 2:5).

Por tanto, no consideramos nuestro propio éxito ni nuestros propios logros. Fijamos los ojos en Cristo, el "autor y perfeccionador de nuestra fe" (Hebreos 12:2). Satanás aparecerá sin duda para acusarte y robarte la paz. Esta es su especialidad en la vida del cristiano: no como el tentador, sino como el acusador, como expliqué en el capítulo 2. Él te mortifica: "Mira ese pecado. Considera lo que has hecho. ¿Cómo puedes ser cristiano y actuar así?". Cuando te acusa de esta forma, puedes unirte al apóstol Pablo y exclamar: "¿Quién acusará a los escogidos de Dios? Dios es el que justifica" (Romanos 8:33). Espétale a Satanás: "Mi justicia está tan solo en Cristo". Puedes procurar la santificación con confianza y no quedar paralizado por la angustia, y puedes hacerlo por gratitud a Cristo, quien ya ha asegurado tu salvación.

Si somos regenerados, Dios nos ha proporcionado paz y seguridad. No nos da una tregua frágil para empezar a blandir de nuevo su espada la próxima vez que resbalemos. La batalla ha acabado. Somos perdonados y purificados. Somos justificados. Ahora estamos siendo santificados. Recuerda, la santificación es tanto por fe como por justificación. Confía en la obra acabada de Cristo. De ahí procede nuestra seguridad, no de una autoevaluación arrogante, sino de confiar en Cristo para protegernos y salvarnos por completo.

Esta es la pregunta: ¿En qué estás confiando? Confiar en Cristo es la única forma de tener la seguridad que necesitamos si queremos crecer en su reino. De modo que confía en Él. Arrepiéntete de todos los pecados de los que seas consciente. Y camina en el gozo de tu salvación.

La seguridad de la salvación

El pasaje de 2 Pedro 1:1-11 es importante y relevante, porque nos proporciona un modelo bíblico para buscar la genuina seguridad de la salvación. Es una experiencia que podemos conocer; de hecho, los autores bíblicos quieren que lo sepamos y lo aceptemos. Pedro inicia su carta con estas palabras: "Simón Pedro, siervo y apóstol

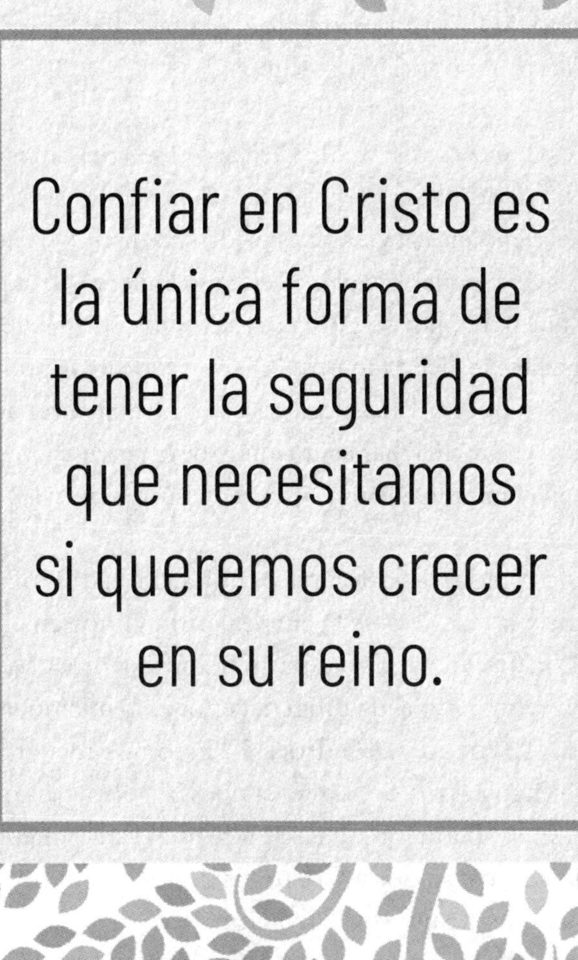
Confiar en Cristo es
la única forma de
tener la seguridad
que necesitamos
si queremos crecer
en su reino.

de Jesucristo, a los que habéis alcanzado, por la justicia de nuestro Dios y Salvador Jesucristo, una fe igualmente preciosa que la nuestra" (2 Pedro 1:1). Puedes ver cómo está aludiendo ya a lo que hemos recibido en términos de la justicia de Cristo por medio de la fe. Llega a ese tema de forma inmediata. Y prosigue:

Gracia y paz os sean multiplicadas, en el conocimiento de Dios y de nuestro Señor Jesús. Como todas las cosas que pertenecen a la vida y a la piedad nos han sido dadas por divino poder, mediante el conocimiento de aquel que nos llamó por su gloria y excelencia, por medio de las cuales nos ha dado preciosas y grandísimas promesas, para que por ellas llegaseis a ser participantes de la naturaleza divina, habiendo huido de la corrupción que hay en el mundo a causa de la concupiscencia" (1:2-4).

Suena similar a la forma paulina de distinguir entre las obras y los deseos de la carne, como vimos en Gálatas 5:17-21. Pedro vuelve ahora su atención al fruto: "Vosotros también, poniendo toda diligencia por esto mismo, añadid a vuestra fe virtud" (2 Pedro 1:5). Esto nos recuerda a lo que Santiago escribió: "La fe, si no tiene obras, es muerta en sí misma" (Santiago 2:17). La fe es el único medio por el cual estamos unidos a Cristo. Es donde recibimos todos los beneficios de nuestra salvación.

Una vez más, aunque la justificación es solo por la fe, jamás permanece sola. Produce amor y buenas obras. Si tienes una fe verdadera, es preciso añadirle algo, y es la virtud. Esta se convierte en el *fruto* de la fe, no en su causa ni en las bases de nuestra justificación. Presta atención a esta lista. Es el fruto de la vida espiritual:

Vosotros también, poniendo toda diligencia por esto mismo, añadid a vuestra fe virtud, a la virtud, conocimiento; al conocimiento, dominio propio; al dominio propio, paciencia; a la paciencia, piedad; a la piedad, afecto fraternal; y al afecto fraternal, amor. [*Esta es la parte en la que quiero que nos enfoquemos:*] si estas cosas están en vosotros, y abundan, no os dejarán estar ociosos ni sin fruto en cuanto al conocimiento de nuestro Señor Jesucristo. Pero el que no tiene estas cosas tiene la vista muy corta; es ciego, habiendo olvidado la purificación de sus antiguos pecados (2 Pedro 1:5-9).

Existe una medida de olvido en nosotros cuando no somos diligentes en la búsqueda de la virtud, de la piedad, del afecto fraternal y estas otras virtudes enumeradas por Pedro.

Quiero que hagamos una pausa en la locución conjuntiva "por lo cual", al principio del versículo 10. Siempre que te tropieces con "por lo cual", deja que sea una alarma para tu mente que indique una conclusión que sigue a las premisas anteriores. Suele introducir un verbo y señala una llamada a la acción, como algo que debemos aprender, saber o hacer.

¿De qué se trata aquí? Pedro escribe: "Por lo cual, hermanos, tanto más procurad hacer firme vuestra vocación y elección; porque haciendo estas cosas, no caeréis jamás. Porque de esta manera os será otorgada amplia y generosa

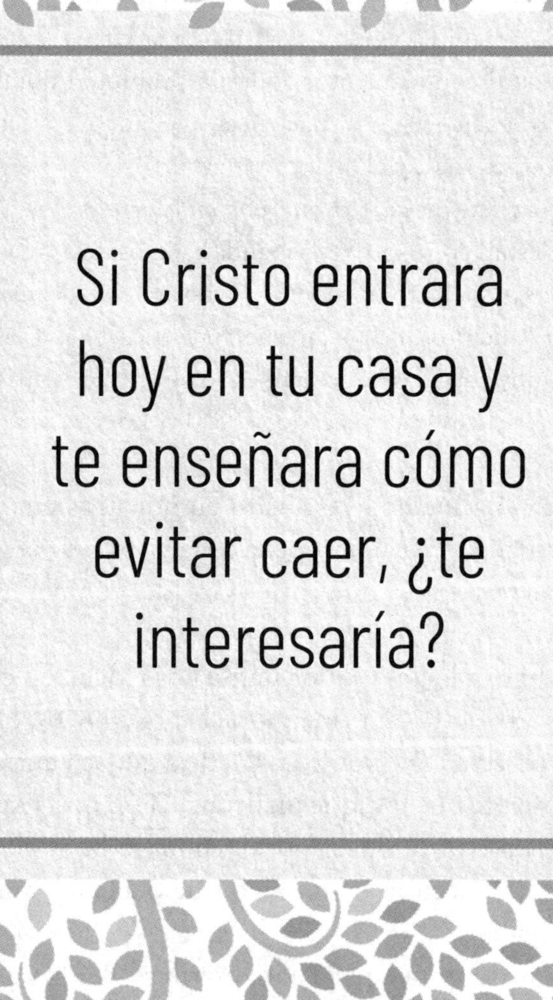
Si Cristo entrara
hoy en tu casa y
te enseñara cómo
evitar caer, ¿te
interesaría?

entrada en el reino eterno de nuestro Señor y Salvador Jesucristo" (2 Pedro 1:10-11).

Si Cristo entrara hoy en tu casa y te enseñara cómo evitar caer, ¿te interesaría? ¿Estarías dispuesto a hacer esas cosas? La seguridad de la salvación no es un añadido final, poco científico a la doctrina de la santificación. Es fundamental y básica para el crecimiento espiritual. Pedro acaba de proporcionarnos una lista de virtudes, similar a la de Pablo respecto a los frutos del Espíritu, y nos ha llamado a esmerarnos. Esta atención es necesaria si esperamos hacer que nuestro llamado y nuestra elección sean seguros.

Observa que Pedro no está aconsejando: "Sean diligentes para provocar o efectuar su elección". En su lugar, quiere que confirmes lo que ya ha sucedido. Quiere que tengas la seguridad de hallarte verdaderamente entre los escogidos.

No des por sentado que estar seguro de tu elección signifique, a la fuerza, que estés siendo arrogante. Pedro nos hace el encargo apostólico de ser diligentes para que nuestra vocación y nuestra elección sean firmes. La seguridad de la salvación no es sencillamente una opción de lujo para el cristiano. Tu deber es procurarla. No es una obligación que deba llevarse a cabo tras veinticinco años en la fe. Esto es importante en el fundamento mismo de tu caminar cristiano. Soluciónalo para que cuando reposes la cabeza en la almohada, por la noche, sepas que te encuentras en un estado de gracia.

Podemos descansar de verdad, sabiendo que estamos reconciliados con Dios, que tenemos paz con Él, que podemos acceder a su presencia. Tales seguridades son alimento sólido para el alma cuando buscamos crecer en la obediencia y la justicia.

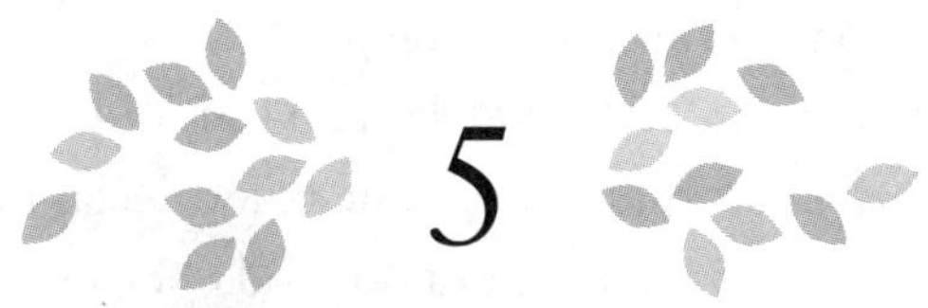

5

Confianza en Cristo

Más que en ningún otro lugar de la Biblia, en el libro de Romanos tenemos la exposición más clara del camino a la salvación. En Romanos 3:9-20, Pablo pregunta:

¿Qué, pues? ¿Somos nosotros mejores que ellos? En ninguna manera; pues ya hemos acusado a judíos y a gentiles, que todos están bajo pecado. Como está escrito:
No hay justo, ni aun uno;
No hay quien entienda,
No hay quien busque a Dios.
Todos se desviaron, a una se hicieron inútiles;
No hay quien haga lo bueno, no hay ni siquiera
uno.
Sepulcro abierto es su garganta;

Con su lengua engañan.

Veneno de áspides hay debajo de sus labios;

Su boca está llena de maldición y de amargura.

Sus pies se apresuran para derramar sangre;

Quebranto y desventura hay en sus caminos;

Y no conocieron camino de paz.

No hay temor de Dios delante de sus ojos.

Pero sabemos que todo lo que la ley declara es para los que están bajo la ley, para que toda boca se cierre y todo el mundo quede bajo el juicio de Dios, ya que por las obras de la ley ningún ser humano será justificado delante de él; porque por medio de la ley es el conocimiento del pecado.

Desconozco cómo el apóstol podría explicarlo de un modo más claro de lo que hace en este pasaje, este prefacio a su magnífica exposición del camino de la salvación. Antes de señalarnos la cruz de Cristo, Pablo presenta primero el trabajo preparatorio estableciendo la universalidad de la culpa humana. Concluye que "todos pecaron y están destituidos de la gloria de Dios" (Romanos 3:23). Esta es la idea que Pablo quiere que entendamos: debemos abandonar por completo cualquier esperanza de satisfacer la justicia divina llevando a cabo las obras de la ley. Nuestras buenas obras nunca serán lo bastante buenas para cumplir la ley de Dios: "Porque por las obras de la ley ningún ser humano será justificado delante de Él; pues por medio de la ley *viene* el conocimiento del pecado" (Romanos 3:20, NBLA).

Ahora bien, ¿cuál es la razón? De nuevo tenemos la

locución conjuntiva "por lo cual". Mira en retrospectiva a las premisas paulinas para que puedas percibir el flujo de su argumento. Pablo pone a toda la raza humana ante el tribunal del juicio de Dios y declara que toda ella es culpable ante Él. "No hay justo, ni aun uno" (Romanos 3:10).

Si estás familiarizado con las categorías de la lógica y las leyes de la inferencia inmediata, reconocerás que esta es una declaración o una proposición que puede etiquetarse de negativa universal. Excluye a todos los miembros de una clase en particular. Por esta proposición los miembros quedan excluidos del grupo de los justos. Todos quedan excluidos; no se incluye a ninguno.

Obviamente, la única excepción es Cristo, el cual *sí* era justo. Él era el justo, el que no tenía pecado. Pablo hablaba aquí de la humanidad caída. No hay nadie que pueda ser elevado a la clase de los justos, y Pablo deja totalmente claro que se refiere a una exclusión universal: "ni aun uno" (Romanos 3:10).

Y sigue afirmando: "No hay quien entienda" (Romanos 3:11). Aquí existe un vínculo que precisamos comprender. Nadie en la carne, ninguna persona natural, alcanza la justicia y esto se debe en parte a que, en nuestra condición caída, ninguno de nosotros la entiende en realidad. No poseemos un entendimiento adecuado de Dios mismo ni del aspecto de la justicia divina.

La siguiente frase no es popular en la comunidad cristiana de hoy: "No hay quien busque a Dios" (Romanos 3:11). No sé las veces que he oído a cristianos decirme: "Mi amigo no es cristiano, pero está buscando a Dios". Algunas iglesias incluso diseñan sus cultos de adoración de forma específica para ayudar a los "buscadores". ¿Por qué hacemos esto cuando el apóstol señala: "No hay quien busque a Dios" (Romanos 3:11)?

Sin lugar a duda, la Biblia afirma: "Buscad a Jehová mientras puede ser hallado, llamadle en tanto que está cercano. Deje el impío su camino, y el hombre inicuo sus pensamientos, y vuélvase a Jehová, el cual tendrá de él misericordia, y al Dios nuestro, el cual será amplio en perdonar" (Isaías 55:6-7). Con frecuencia oímos los consejos en las Escrituras de buscar a Dios, de llamar a Dios. ¿Por qué lo ordenaría Dios si, en realidad, nadie lo hace?

Parte de la respuesta es que Dios provee el mandamiento y nadie le presta atención. Nadie se hace caso de ello al margen de su gracia capacitadora. Esto no significa que el mandato no sea válido. Observa también que muchos de estos requerimientos van dirigidos al pueblo de Dios (p. ej., Mateo 6:33). Buscar a Dios es cosa de la vida cristiana.

Buscar a Dios es algo que comienza en la conversión, pero no acaba ahí. Las personas no buscan a Dios hasta que vienen a Cristo. En realidad, la imagen normal que encontramos en las Escrituras sobre nuestro estado natural caído no es que estemos investigando cada recoveco del universo para hallar alguna pista de la existencia divina. En su lugar, somos fugitivos. Huimos de Dios, como hicieron Adán y Eva en el paraíso (Génesis 3:8). Por su pecado, fueron a esconderse. Intentaron evadir la presencia divina. Y, ahora, aunque la humanidad desea sin duda los beneficios de Dios —la paz, la seguridad, el perdón—, no le desea a Él mismo.

Pablo continúa: "Todos se desviaron" (Romanos 3:12), y no es de sorprender. Si ninguno de nosotros busca a Dios, no es de extrañar que nos desviemos. ¿No es curioso que Jesús hablara a menudo sobre la redención en términos *del camino* (Juan 14:6)? De hecho, a los cristianos se les llamó al principio el pueblo "del Camino" (Hechos 24:14). Como afirmó Jesús: "Ancha es la puerta, y espacioso el camino que lleva a la perdición, y muchos son los que entran por ella; porque estrecha es la puerta, y angosto el camino que lleva a la vida, y pocos son los que la hallan" (Mateo 7:13-14). Esto es muy distinto a cómo piensan muchos hoy respecto a la salvación.

Al final del versículo 12, Pablo declara: "No hay quien haga lo bueno, no hay ni siquiera uno". Esto parece increíble. ¿Significa quizás que ningún ser humano, al margen de la gracia regeneradora, hace jamás bien alguno? Es lo que expresa. ¿Pero cómo puede ser esto? Vemos a paganos que superan de lejos a algunos creyentes en ciertas virtudes. Manifiestan mayor laboriosidad, sinceridad y preocupación por las personas de las que nosotros manifestamos. ¿Cómo podemos afirmar, pues, que no hacen nada bueno? El gran reformador Juan Calvino habló de la justicia civil del incrédulo. Lo describió en términos de conformidad externa a la ley divina. Por ejemplo, Dios ordena: "No robarás" (Éxodo 20:15). Y hay paganos que no roban. ¿Acaso al actuar así no están haciendo el bien?

Si consideramos con cuidado el concepto bíblico de la bondad, vemos que es bidimensional. Cuando Dios considera una obra que has hecho, tiene dos cosas en cuenta: escudriña la cosa real que has hecho *y* analiza tu corazón.

Contempla la pureza de tus motivos. Lo primero que te pregunta es: "¿Estás haciendo esta obra porque tu corazón me ama de un modo pleno?". A menos que ambos aspectos se den en toda su extensión, la totalidad de la obra no es buena. A primera vista, lo podría ser. Pero, a menos que vaya acompañada del motivo más puro de honrar a Dios, no es buena. Dado que el pagano está separado y aislado de Dios, independientemente de las muchas veces que cumpla la ley de forma externa, su motivación es impura.

Si entendemos esta premisa bíblica, abandonaremos cualquier esperanza de hallar seguridad para la salvación en nuestras propias obras. Sin duda, esto debe suscitar algunos pensamientos molestos en nuestra mente. ¿Declara el Nuevo Testamento en términos tan radicales que nadie, fuera de la gracia de Dios, hace jamás algo bueno? Sí, es radical en sentido literal. El adjetivo "radical" procede del término en latín *rodex,* que significa "raíz" o "núcleo central". Es la clase de declaración que va a la raíz del asunto. Analiza el núcleo central de cómo evalúa Dios lo que hacemos. A Él no le conciernen tan solo nuestras acciones externas, sino que también nos mide por los deseos de nuestros corazones. Esto es lo que provocó numerosos conflictos entre Jesús y los fariseos. Sus obras externas parecían sumamente virtuosas, pero eran actos de hipocresía porque sus corazones estaban lejos de Dios.

Una profesión de fe no es suficiente

Aunque la iglesia es el instrumento para proporcionarnos el medio de gracia y el vehículo para proclamar el camino de la salvación, no nos salva nuestra membresía. El Salvador es Cristo, no una iglesia. Si estás en Él, te encuentras en un estado de gracia, pero que formes parte de una iglesia no hace que estés en Cristo.

Una segunda dimensión cuya comprensión es relevante para los evangélicos es que la salvación tampoco está garantizada por la *profesión* de fe. La mayoría de las iglesias exige una profesión de fe antes de que una persona pueda ingresar en su membresía. Incluso, en los ministerios paraeclesiales —como los ministerios de evangelización—, existen técnicas y métodos que se usan para llamar a las personas a profesar la fe en Cristo. Puede ser un llamamiento al frente, una oración que recitas o una tarjeta que firmas. No hay nada de malo en estas cosas, pero semejante profesión de fe no es garantía de tu salvación.

Jesús nos advierte: "Este pueblo de labios me honra; mas su corazón está lejos de mí" (Mateo 15:8). Jesús está afirmando que es posible pronunciar las palabras, hacer la profesión verbal, pero no ser creyente. Santiago formuló la pregunta: "Hermanos míos, ¿de qué aprovechará si alguno dice que tiene fe, y no tiene obras? ¿Podrá la fe salvarle?" (Santiago 2:14). La justificación por la fe produce inevitablemente obras. Por supuesto, debemos hacer una profesión de fe. Pero con esta sola no tienes la salvación garantizada. La salvación llega por medio de poseer la fe, no solo profesarla. Puedes declarar tener algo que no posees de verdad.

Una de las cosas más aterradoras que Jesús pronunció jamás se produce casi al final del Sermón del Monte.

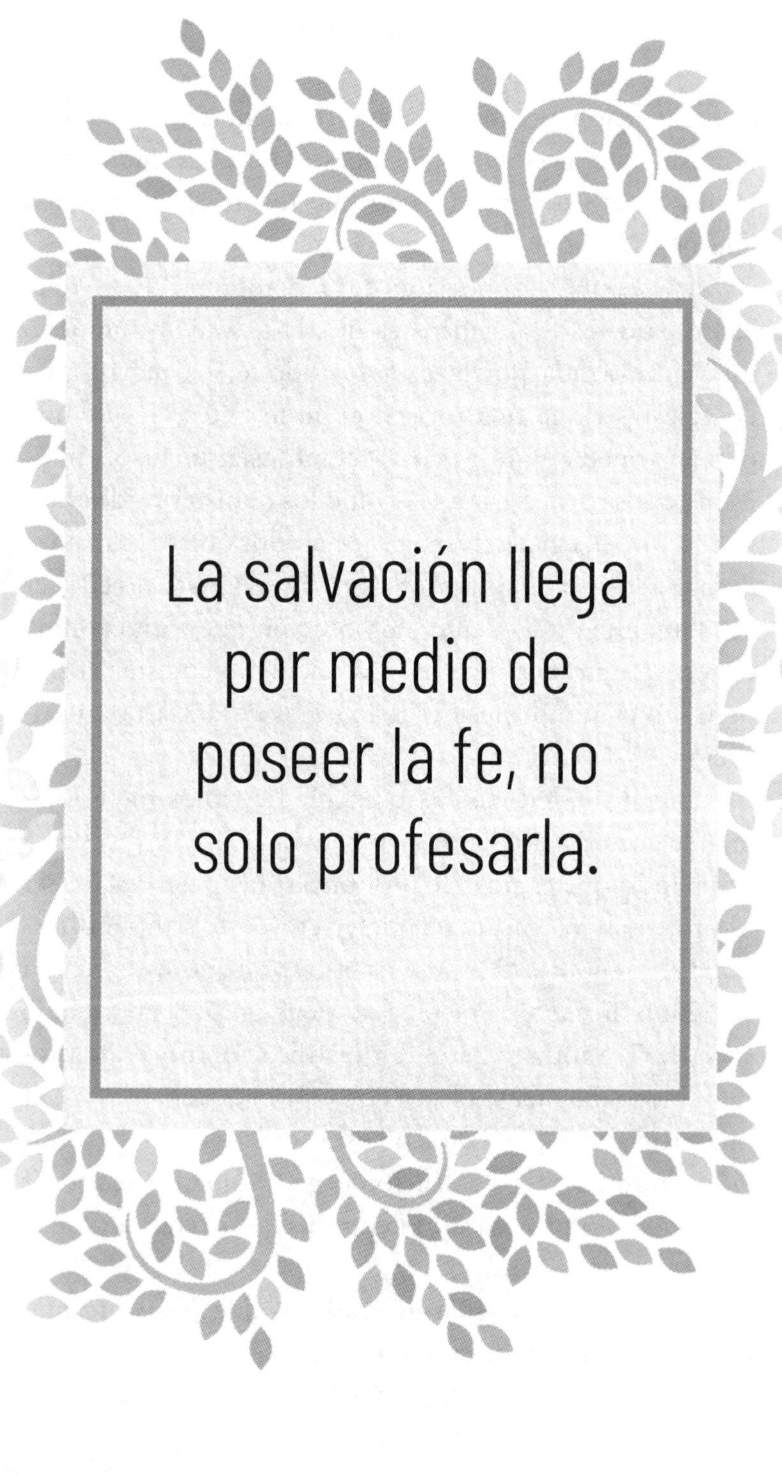
La salvación llega
por medio de
poseer la fe, no
solo profesarla.

Advirtió: "Muchos me dirán en aquel día: Señor, Señor, ¿no profetizamos en tu nombre, y en tu nombre echamos fuera demonios, y en tu nombre hicimos muchos milagros? Y entonces les declararé: Nunca os conocí; apartaos de mí, hacedores de maldad" (Mateo 7:22-23). Es un aviso para los que se quedan en la mera profesión de fe. Nuestra confianza no debe apoyarse en algo que solo hayamos pronunciado, en un simple ritual o un acto externo.

Supón que entendemos correctamente que la única forma de poder ser salvo es depositando nuestra confianza en Cristo. Si tu fe en el Cristo bíblico es genuina, tienes todas las razones para regocijarte en la seguridad total de tu salvación. Pero todavía es preciso que te preguntes dos cosas: (1) ¿Es mi fe una fe real? y (2) ¿Está mi fe dirigida al Cristo real? Por esto mismo es tan importante la doctrina. Su propósito es proporcionarnos una comprensión clara de la naturaleza de Dios y de la naturaleza y la obra de Cristo.

De modo que te pregunto: ¿Amas al Cristo bíblico? O, ¿acaso el Cristo al que tú amas es un Cristo meramente cultural? ¿Un Cristo que nunca ejerce juicio? ¿Un Cristo que no te llama a encomendarle tu vida? ¿Un Cristo que no te insta a arrepentirte de tus pecados? Tal vez tu criterio sea el de un Jesús amable, manso y blando. Él existe para resolver todos tus problemas, responder a todas tus peticiones y darte salud y riqueza. Por ello, resulta angustioso oír hablar del evangelio de la prosperidad, de la salud y la riqueza. Bajo ese sistema, las personas pueden convertirse a la promesa de la prosperidad, pero se pierden al Cristo vivo. Nuestro llamado consiste en venir al Cristo real. Jesús es una persona real, histórica con una misión real, y ha llevado a cabo un acto real de redención. Y es Jesús —su persona y su obra— el que debe ser objeto de nuestra fe salvífica.

En una ocasión, un hombre me preguntó: "R. C., ¿ama usted a Cristo de forma perfecta?". Respondí: "No". "¿Le ama usted tanto como debería?". Respondí: "No, porque debería amarle de forma perfecta, pero no lo hago". Siguió con esta línea de interrogantes y pregunto: "Pero ¿le ama usted?". Esta vez no vacilé: "Sí, desde luego. No le amo de un modo perfecto. No le amo de una manera completa. No le amo tanto como debería. Pero sé que le amo".

También sé que, abandonado a mí mismo, no podría amarle en absoluto. No podría amar al Cristo bíblico si Dios Padre no hubiera cambiado mi corazón y hubiera hecho que naciera de nuevo de su Espíritu. Creo las palabras de Jesús: "Nadie puede venir a mí, si no le fuere dado del Padre" (Juan 6:65). Dios me ha atraído a sí mismo por el poder se su Espíritu. Por tanto, mi seguridad descansa en el testimonio del Espíritu Santo, quien está obrando en conjunto con mi espíritu para asegurarme que soy un hijo de Dios (Romanos 8:16). La doctrina bíblica importa porque puede proporcionar gran consuelo y una seguridad saludable.

Estar seguro del Salvador

Quiero cambiar nuestro enfoque a cómo puede crecer la seguridad genuina de la salvación, y esto empieza por tener una comprensión clara de lo que significa la salvación. Cuando consideramos la falsa confianza que muchos manifiestan al confiar en su propia bondad, analizamos las declaraciones paulinas en Romanos 3, donde afirma: "Por las obras de la ley ningún ser humano será justificado delante de él; porque por medio de la ley es el conocimiento del pecado" (Romanos 3:20). Y hasta aquí llegamos. Me detuve a mitad de pensamiento en los escritos del apóstol.

La palabra que sigue de inmediato es uno de los términos más importantes en las sagradas Escrituras. Es la conjunción "pero". Existe esta feliz alternativa al juicio. Tras una conclusión sombría a la que Pablo llega sobre la desesperanza de ser redimidos por medio de nuestra propia bondad, el apóstol escribe:

> *Pero*, aparte de la ley, se ha manifestado la justicia de Dios, testificada por la ley y por los profetas; la justicia de Dios por medio de la fe en Jesucristo, para todos los que creen en él. Porque no hay diferencia, por cuanto todos pecaron, y están destituidos de la gloria de Dios, siendo justificados gratuitamente por su gracia, mediante la redención que es en Cristo Jesús, a quien Dios puso como propiciación por medio de la fe en su sangre, para manifestar su justicia, a causa de haber pasado por alto, en su paciencia, los pecados pasados, con la mira de manifestar en este tiempo su justicia, a fin de que él sea el justo, y el que justifica al que es de la fe de Jesús (Romanos 3:21-26).

De nuevo, si queremos tener mayor seguridad en cuanto

a nuestra salvación, es necesario tener un entendimiento claro de lo que esta supone. Es preciso comprender la razón, la base, de nuestra justificación.

Pablo ha excluido ahora uno de los motivos para estar seguros, a saber, respaldar tu argumento con hacer las obras de la ley. En su lugar, "ahora, aparte de la ley, se ha manifestado *la justicia de Dios*" (Romanos 3:21). Pablo opina que es necio pensar que podemos satisfacer las exigencias de Dios por nuestra propia justicia, y esto se debe a que tenemos una visión desinflada de la justicia divina o una extremadamente inflada de la nuestra. Nunca podremos vivir una vida lo bastante buena como para cumplir con los requisitos de un Dios justo, recto y santo. Por consiguiente, no debes tener esperanza alguna de que tu bondad logre satisfacer la justicia divina.

La buena noticia, el evangelio mismo que Pablo está proclamando aquí, es que existe una justicia revelada aparte de la ley, una justicia que viene por la fe. Hasta esto se puede malentender. ¿Quiere decir que, si tenemos suficiente fe, esa fe misma será la medicina que nos ayudará a alcanzar la justicia perfecta? Luego, tras lograr esta justicia perfecta, ¿podemos tener la seguridad de la salvación? No.

Como enseñó Agustín, Pablo no está hablando de la justicia por la cual Dios mismo es justo. Se está refiriendo a una justicia que Él puso a nuestra disposición por medio de la fe. Procede de Dios. Él es el dador de la misma, pero no es la justicia suya propia, inherente e interna. Es la justicia de Cristo que Dios concede a aquellos que depositan su confianza en Él. Dios la abona en su cuenta. La

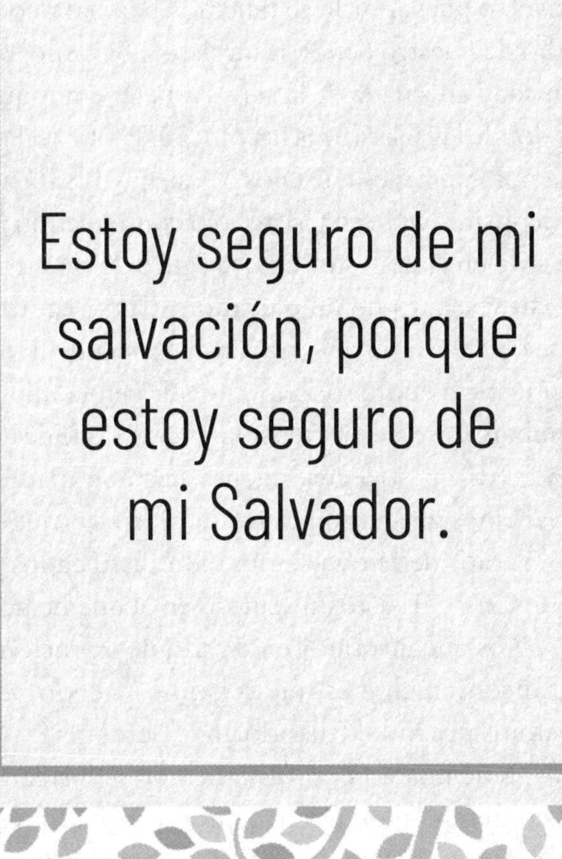
Estoy seguro de mi
salvación, porque
estoy seguro de
mi Salvador.

única justicia por la cual podemos satisfacer las exigencias divinas no es la nuestra. Es la de otro: la justicia de Cristo que ha sido revelada.

Resulta relevante cómo el apóstol Pablo afirma que debemos hallar paz y seguridad. En Romanos 5:1 escribe: "Justificados, pues, por la fe tenemos paz para con Dios por medio de nuestro Señor Jesucristo". Si vamos a tener una seguridad adecuada de la salvación, tenemos que conseguirla donde las Escrituras la colocan. Pablo declara que nos llega por la promesa de Dios de que justificará a todos los que depositen su fe en Cristo. No confían en su propia justicia, sino en la de Jesús. Estoy seguro de mi salvación, porque estoy seguro de mi Salvador. Estoy seguro de su poder, de que en su justicia no hay carencia de nada. Por tanto, su justicia cubre todo lo que falta en la mía.

Sin embargo, existe una tensión que procede de nuestra seguridad y de nuestro crecimiento hasta la madurez en Cristo. Sabemos que hay un cierto sentido en el que somos justos a los ojos de Dios. Hemos sido justificados por la justicia de Cristo. Existe un sentido en el que hemos sido salvados. Nos encontramos en estado de salvación. Pero el único inconveniente es que seguimos siendo pecadores. Seguimos pecando. Cuando consideramos la justicia de Cristo, tenemos esperanza; tenemos seguridad. Pero cuando contemplamos nuestro propio pecado, caemos en la desesperación. Resulta difícil de estar seguros de la salvación si nuestra atención se enfoca en nuestro propio pecado.

La buena nueva es que la justificación no es el final de la vida cristiana. Es su principio. La justificación es el comienzo de la santificación. No es su resultado. No tenemos que esperar a ser santificados para ser justificados. No tenemos por qué aguardar hasta ser justos para que Dios nos considere como tales. Él nos ve justos una vez que transfiere a nuestra cuenta la justicia de Jesús.

La gracia que Dios ha puesto en nuestros corazones, en nuestra redención inicial, será perfeccionada hasta el final y ese final es nuestra glorificación. En ese momento, todo vestigio de pecado será eliminado de nosotros. Llegará un momento cuando seremos perfectos. Cristo promete acabar la obra que ha comenzado en nuestras almas. En el momento en que creemos, empieza la obra divina de curarnos y transformarnos a la imagen de Cristo. De hecho, de forma negativa, si ese cambio no se inicia, se hace del todo patente que no hay fe real. Si la hubiera, produciría justificación verdadera, y esta, a su vez, resultaría en el fruto de la santificación. De esto podemos estar seguros.

La fe y los frutos

Me gustaría llamar tu atención a las dos realidades más importantes de las que conseguimos la seguridad personal de nuestra salvación. No son los dos únicos elementos, pero creo que son los más relevantes. Estos dos conceptos son la fe y los frutos. Consideraremos la fe en primer lugar.

La base de nuestra justificación es únicamente la justicia de Cristo, y Dios la ha puesto a nuestra disposición por medio de la fe. Los Reformadores la describieron como la causa instrumental de nuestra justificación. Esto significa que, cuando el Nuevo Testamento nos enseña que

En el momento
en que creemos,
empieza la obra
divina de curarnos
y transformarnos a
la imagen de Cristo.

somos "justificados por la fe", la preposición "por" es lo más importante. Expresa el medio por el cual se produce algo. Cuando la Biblia habla de la justificación *por* la fe, no señala que nuestra fe sea la base meritoria de nuestra salvación. Es, tan solo, el agente que nos une a Cristo y nos hace recibir así los beneficios de su obra por nosotros.

Cuando las Escrituras nos instan a la fe, se nos dice que creamos *en* Cristo. El término en griego es *eis*, que significa "en", "dentro de". Cuando tenemos fe, estamos tan vinculados a Cristo que estamos en Él y Él en nosotros, y podemos disfrutar de una unión mística con Jesús. Cuando somos unidos a su Hijo, somos adoptados en la familia de Dios. Por tanto, nuestra confianza en el estado de nuestra salvación no es, en última instancia, una confianza en nosotros mismos. En su lugar, nuestra certeza de la salvación procede de nuestra convicción de que la obra de nuestro Salvador es perfecta. Nuestra confianza no depende de nosotros mismos, sino de Jesús quien ha demostrado con suma claridad que es capaz de salvar a su pueblo.

Cristo ha pagado el precio de nuestra salvación. Se ha entregado como oblación ante el Padre por nosotros. Nos ha reunido en su familia. Intercede por nosotros cada día. Por consiguiente, nuestra confianza en nuestra salvación debe reposar en la confianza que tenemos en nuestro Salvador. Promete salvarnos de un modo pleno, completo y eterno, si de verdad depositamos nuestra confianza en Él. Deberíamos saber si estamos confiando verdaderamente en Cristo. Deberíamos percibir una sensación de confianza y seguridad en nuestros corazones. ¿Te fías de Cristo?

Una fe privada
no es una
fe bíblica.

¿Pones tu confianza en Él para que te redima? Deberías poder responder a estas preguntas con cierto grado de certeza. Puedes saber si estás confiando en Él o no, si te estás fiando de Él o no, si sientes afecto por Él o no.

La fe salvífica es intensamente personal e individual, pero no debe quedar en algo privado. Cristo nos llama a confesar su nombre ante el mundo (Mateo 10:32). Nos llama a testificar de Él a las personas. No debemos esconder la luz de Cristo bajo un cajón y hacer de esta fe un asunto privado (Mateo 5:14-16). Una fe privada no es una fe bíblica. Su propia naturaleza define a la fe bíblica como pública. Como indicamos con anterioridad, nuestro deber no consiste tan solo en poseer la fe, sino también en profesarla. Pocas cosas nos proporcionan la seguridad de nuestra salvación como compartir nuestra fe con los demás.

Estos hechos son unas cuantas marcas de la verdadera fe salvífica. No contribuyen en modo alguno a nuestra justificación. Sin embargo, la fe verdadera — o *fides viva*, la fe viva— empieza a producir fruto de inmediato. Las personas que creen de verdad son transformadas. No son perfeccionadas. No son santificadas por completo al instante, pero cambian. El fruto de la regeneración y de la morada del Espíritu Santo en la persona crece al instante.

6

La prioridad del amor

¿Te han espetado alguna vez algo poco amable o han dicho algo incierto sobre ti en público? Lo más probable es que todos hayamos tenido experiencias como estas. Pueden ser dolorosas de soportar. Pero la pregunta de la que me quiero ocupar en este capítulo es "¿Cómo respondemos cuando se nos trata de esta forma?".

Jonathan Edwards es el autor de uno de los mejores clásicos jamás escrito sobre la virtud y el fruto del amor espiritual en la vida cristiana. El libro se titula *Charity and Its Fruits* [El amor y sus frutos]. Si no has tenido nunca la oportunidad de leerlo, busca un ejemplar y léelo. Ciertamente es de obligada lectura para todos nosotros. El libro contiene un capítulo sobre cómo el amor soporta el daño y el dolor personal, y quiero citar algunas frases:

Los hombres cuyo espíritu se caldea, se enfurece y crece el resentimiento cuando se les hace daño, actúan como si pensaran que les ha sucedido algo extraño. Sin embargo, son muy necios al pensar de este modo, porque no solo no es raro, sino que cabe esperarlo en un mundo como este. Por consiguiente, no se comportan con sabiduría al permitir que su espíritu se vea perturbado por los agravios que sufren… El espíritu de la paciencia y la mansedumbre cristianas a la hora de padecer daño es una marca de la verdadera grandeza de alma. Demuestra una naturaleza genuina y noble, y una magnitud real de espíritu para mantener la calma del alma en medio de las ofensas y del mal.[*]

Edwards quiere llegar aquí a la idea de que el cristiano tiene que mantener sus ojos centrados en Dios y en su relación con Él. Nada que otra persona pueda hacernos puede dañar otra cosa que no sea nuestro placer mundano. Una persona puede hacernos daño físico. Puede robarnos el dinero. Puede destruir nuestra reputación. Todo esto guarda relación con las preocupaciones y los placeres de este mundo. Pero tenemos una herencia reservada en el cielo (1 Pedro 1:4). Un tesoro nos aguarda donde nadie puede robarlo y donde nadie puede hacer que se oxide o se corroa (Mateo 6:20). El Señor mismo lo conserva y lo protege, y garantiza esta herencia futura.

Edwards no nos insta en esta cita a algo extraordinario.

---

[*]Jonathan Edwards, *Charity and Its Fruits* (Nueva York: Robert Carter & Brothers, 1852), pp. 125, 127.

Todos somos llamados a soportar nuestros agravios, nuestra tristeza y nuestro dolor en los insultos que recibimos con paciencia, amor, amabilidad y longanimidad (Mateo 5:11; 1 Pedro 4:14). Esto se nos exige a todos nosotros, porque forma parte integrante de la vida cristiana. Se nos llama a imitar a Cristo (1 Corintios 11:1). No somos Cristo, pero conforme somos santificados estamos siendo moldeados a su imagen. Nos esforzamos por vivir como Él vivió.

En el entorno mismo de su pasión y su crucifixión, Jesús oró pidiendo el perdón para los que le atacaron. Él no tenía pecado, y cada cargo levantado contra Cristo era falso. No todas las cosas de las que se nos acusan son falsas. No podemos afirmar "Nadie debería criticarme, porque estoy por encima de toda crítica". Aun cuando las detracciones en nuestra contra sean válidas, nos enojamos. Nos sentimos heridos y nos amargamos.

Jesús era paciente, amable y bondadoso. Ni una sola vez buscó vengarse, porque Él es perfecto, por supuesto. "Él es la imagen del Dios invisible" (Colosenses 1:15). No alcanzaremos el mismo grado de virtud de Jesús en este mundo, pero debemos mostrar que somos semejantes a Cristo. Debemos manifestar el mismo Espíritu que había en Él. Jesús nos ha dado el Espíritu Santo, y ahora nos llama a nutrir y cultivar el fruto del Espíritu.

Con anterioridad he señalado que la mayoría de nosotros, por no decir todos, experimentamos esta clase de luchas. Anhelamos tanto que Dios nos resarza que deseamos que castigue a otras personas. Queremos que haga caer venganza sobre nuestros adversarios. Lo que deberíamos pedir, en su lugar, es "Señor, ayúdame en esta experiencia a aprender de ti y concentrar mi atención donde debe estar. Quiero satisfacerme con tu gloria para que no busque mi contentamiento en verme justificado a los ojos de los demás".

Si esta tentación ha demostrado ser un reto, quiero alentarte con estas palabras de Génesis 15:1: "No temas, Abram; yo soy tu escudo, y tu galardón será sobremanera grande". Sé que estas palabras iban dirigidas a Abram y no a nosotros, pero declaran algo de cómo se relaciona Dios con su pueblo. Ora tú estas palabras a Dios: "¡Oh Señor, te ruego que seas mi escudo!". Necesitamos protección. Cuando nos sentimos vulnerables, cuando las flechas de Satanás vienen hacia nosotros, necesitamos que Dios sea nuestro escudo. Piensa por un momento cuánto nos ha protegido Él y luego sigue clamando a Él.

A continuación, considera el resto de este versículo: "tu galardón será sobremanera grande". Esto es lo que Jesús nos indica en el Nuevo Testamento: "Bienaventurados sois cuando por mi causa os vituperen y os persigan, y digan toda clase de mal contra vosotros, mintiendo. Gozaos y alegraos, porque *vuestro galardón es grande en los cielos*" (Mateo 5:11-12).

Ya hemos recibido la dádiva mayor que un ser humano podría poseer. Todas las riquezas contenidas en el evangelio de Cristo son nuestras. No es difícil ser paciente y amable, amoroso y paciente, si fijamos los ojos en Dios. Él es nuestro escudo. La recompensa que nos ha dado es muy grande, y tiene mucho más para nosotros en la era venidera (Efesios 2:7).

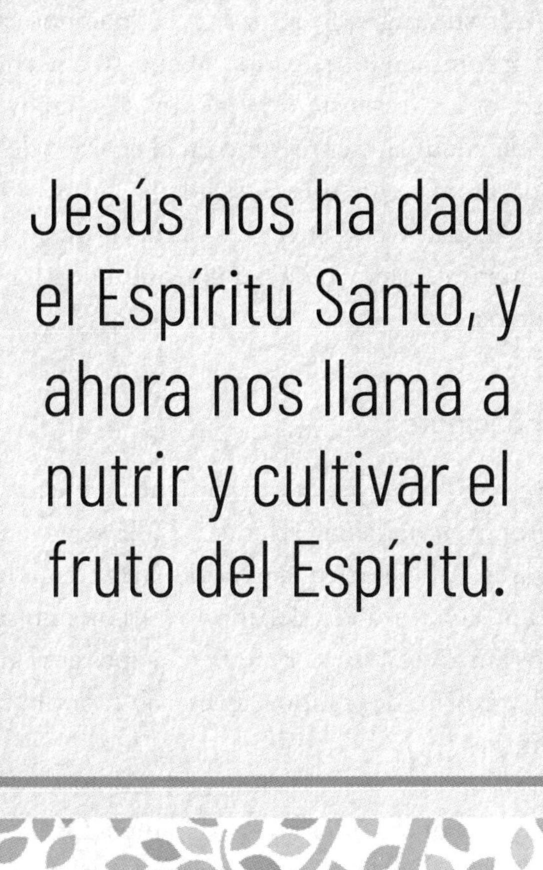

Jesús nos ha dado el Espíritu Santo, y ahora nos llama a nutrir y cultivar el fruto del Espíritu.

Cuando otros pecan contra nosotros, Dios insta a una respuesta radical porque nuestra recompensa es radical. "Y ante todo, tened entre vosotros ferviente amor; porque el amor cubrirá multitud de pecados" (1 Pedro 4:8). Piensa en el pecado que está en nosotros y que Cristo ha cubierto con su sangre. Esa gozosa realidad nos capacita para cubrir también los pecados de nuestros hermanos y hermanas, no en el sentido de mentir o engañar. No es esa clase de encubrimiento, sino en el sentido de soportarlos por gracia con una actitud de amor. Podemos llevar con alegría y paciencia los pecados de los demás, por la inmensa gracia y paciencia que Dios ha tenido con nosotros.

Un amor paciente

No es por accidente que el primer fruto mencionado en la lista proporcionada en Gálatas 5:22-23 sea el amor. En otros lugares, Pablo hace una exposición extremadamente profunda de la naturaleza del amor cristiano. En sondeos realizados entre creyentes cristianos, ¿sabes cuál suele ser el capítulo favorito de la Biblia? El eterno capítulo favorito es 1 Corintios 13.

Oímos como se lee en las bodas. Lo vemos en la letra de cánticos e himnos populares cristianos. La elocuencia literaria de 1 Corintios 13 es tan magnífica y hermosa que podemos caer en una trampa. La belleza de este capítulo consigue entusiasmarnos, nos familiarizamos demasiado con el texto y pasamos por alto el mensaje. Pablo no está escribiendo una rapsodia de amor romántico. En su lugar,

Dios mismo está describiendo, a través del apóstol, cómo se supone que debe verse el amor cristiano.

Pablo inicia este capítulo diciendo: "Si yo hablase lenguas humanas y angélicas, y no tengo amor, vengo a ser como metal que resuena, o címbalo que retiñe" (1 Corintios 13:1). La metáfora que el autor usa aquí es interesante y relevante. Admiramos y apreciamos grandemente el discurso elocuente. Amontonamos recompensas y gritamos "¡Bravo!" a aquellos que han dominado esta actividad singularmente difícil. Tenemos en alta estima a aquellos que se expresan particularmente bien. Cuando hipnotizan a su audiencia con dinamismo, damos por sentada la grandeza en todos los aspectos de su vida.

Sin embargo, Pablo aclara que tu elocuencia puede trascender en su majestad y, no obstante, carecer de amor. En lugar de una hermosa música, este tipo de discurso es ruido a los oídos de Dios, si no va acompañada de esta virtud cristiana del amor. Pablo prosigue: "Y si tuviese profecía, y entendiese todos los misterios y toda ciencia, y si tuviese toda la fe, de tal manera que trasladase los montes, y no tengo amor, nada soy" (1 Corintios 13:2). Pablo está hablando de tener dones, pero no del fruto. Diserta sobre las capacidades que recibimos de Dios. No tenemos mérito intrínseco alguno para reclamarlas.

Por tanto, se puede poseer gran conocimiento y educación, y saltarse la virtud principal de la vida cristiana que es el amor. Con toda probabilidad, Pablo era el judío más educado cuando se escribió esta carta. Con veintiún años ya tenía el equivalente a dos doctorados. Era un hombre de prodigioso conocimiento. Era un gran teólogo, tan solo superado por Jesús, y entendió que sin amor toda esta sapiencia era inútil. Para que quede claro, Pablo no menosprecia la elocuencia ni el conocimiento, ni la sabiduría ni la fe. Todas estas cosas son buenas e importantes, pero si cualquiera de estas cosas está presente sin amor, no sirve de nada. No hay provecho en ella. Sin el amor no somos nada.

Pablo continúa: "Y si repartiese todos mis bienes para dar de comer a los pobres, y si entregase mi cuerpo para ser quemado, y no tengo amor, de nada me sirve" (1 Corintios 13:3). Una forma fácil de conseguir la admiración de las personas es comprándola. Si se nos conoce por ser magnánimos en nuestra caridad —si dotamos el ala de un hospital, construimos una iglesia o diezmamos—, ¿qué declara Pablo? Que puedo hacer todo esto sin amor. Por tanto, este tipo de donativos benéficos sin amor no son de provecho alguno. Pablo habla con extremada franqueza cuando afirma: si entrego mi cuerpo para ser quemado, si me convierto en un mártir por la fe, incluso *esto* es posible hacerlo sin amor. Puedo hacerlo por engrandecimiento propio. Puedo hacerlo porque quiera ser un héroe. Si actúo sin amor, ¿de qué sirve? De *nada*.

Todo lo que Pablo ha declarado hasta este momento es realmente introductorio a su exposición. Nos está indicando, desde el principio, la inmensa importancia de tener amor en la vida cristiana. Por otra parte, este es el primero de los frutos del Espíritu. En un sentido, todos los demás no son más que una manifestación externa de la realidad y de la presencia del amor auténtico. Si tienes este amor genuino, también serán puros tu paz, tu gozo, etc. El resto de los frutos son consecuencias manifiestas del verdadero amor cristiano. Por esta razón, el apóstol coloca el énfasis aquí. Muchas veces escribió que el amor cumple la ley (p. ej., Romanos 13:10; Gálatas 5:14). El amor es el poder impulsor subyacente a toda justicia; toda virtud fluye del amor.

Este amor por los demás crece del amor hacia Dios. Jesús mismo enseñó que los dos mandamientos más importantes son "Amarás al Señor tu Dios con todo tu corazón y con toda tu alma y con toda tu mente" y "Amarás a tu prójimo como a ti mismo" (Mateo 22:37, 39). Es imposible amar a Dios con todo tu corazón y odiar a tu prójimo (1 Juan 4:20). Son cosas incompatibles. Nuestras relaciones horizontales con las personas fluyen de nuestra relación vertical con Dios. En el núcleo central de la ética cristiana, en el corazón mismo de la santificación, se encuentra el cultivo y el desarrollo del fruto del amor. Pablo está demostrando la importancia de su función y el lugar donde encaja en la vida cristiana.

Además, en 1 Corintios 13 provee la exposición de lo que es ese amor. Primero, explica su extraordinaria importancia. Ahora bien, responde a estas preguntas: ¿Qué aspecto tiene el amor genuino? ¿Cuál es su naturaleza? ¿Cómo se manifiesta? Pablo no deja que imaginemos las respuestas. Esto es lo primero que afirma al respecto: "El amor es sufrido, es benigno" (1 Corintios 13:4). Alguna versión lo traduce: el amor "tiene paciencia" (RVA-2015).

¿Adviertes el vínculo aquí con el fruto del Espíritu, en especial con el de la paciencia? Pablo está enlazando con claridad la presencia del amor con la de otro fruto del

Espíritu, y lo primero que señala sobre el amor es que es sufrido. ¿Qué significa esto? Podemos empezar diciendo, ciertamente, que no alude a un breve tiempo. En su lugar, indica que la primera vez que alguien te ofende o te hace daño no le rechazas.

¿Has notado cómo, en nuestras relaciones, somos mucho más pacientes con unas personas que con otras? Si un amigo nuestro de mucho tiempo actúa de forma que nos irrita o nos molesta, ¿cómo solemos gestionarlo? "Esto es típico de Francisco. Él es así. Somos colegas. Somos uña y carne. Todo el mundo se equivoca. Todos somos humanos". Empezamos haciendo todo tipo de concesiones.

Sin embargo, si otra persona se comporta exactamente del mismo modo al conocerle por primera vez, podríamos replicar: "No quiero tener amistad con esta persona". No nos gusta la gente así, porque nos incomoda esa clase de rasgo de personalidad. En nuestros hijos toleramos cosas que no soportamos en los hijos de otros.

En el matrimonio deberíamos soportar cosas como marido y mujer que no permitimos fuera de este vínculo. Tenemos un compromiso. Estamos unidos en una unión sagrada, un pacto de amor. El verdadero amor es sufrido. En ocasiones sentimos la tentación de llevar un registro: "La primera vez que me ofendas contaré uno. Con la vez siguiente serán dos. Y a la tercera, se acabó". Pero si tu amor es sufrido, seguirás amando y aguantando, aunque llegues al golpe setenta y siete.

¿Por qué se manifestaría el amor cristiano en esta clase de paciente fidelidad? El amor humano puede ser sufrido por motivaciones políticas, por indiferencia o por alguna otra razón carnal. En el ámbito cristiano, la virtud de ser paciente imita a Cristo, quien a su vez imita a Dios. Es la característica divina principal. ¿Con cuánta frecuencia habla Dios de ser lento para ira y paciente con las personas duras y tercas?

Si eres cristiano, permíteme preguntarte: "¿Cuánto tiempo soportó Dios tu incredulidad antes de que fueras redimido? ¿Cuánto sigue aguantando tu pecado remanente?". De no ser por el paciente amor de Dios, todos pereceríamos. Si Él nos tratara con la misma impaciencia con la que actuamos con las demás personas, pereceríamos en el infierno. Dios te está llamando la atención: "Mira, yo he sido amoroso contigo. He soportado tu desobediencia, tu blasfemia y tu pecado durante toda tu vida, y sigo amándote. Sigo siendo bondadoso contigo. Sigo siendo bueno para contigo, y sigo preocupándome de ti".

Así es Dios. Es un Dios paciente, y así manifiesta su amor. Él muestra su amor mediante su paciencia, y no es de breve duración. Existe un sentido en el que Dios no puede perder su felicidad, su gozo o su alegría, por aquello que hacemos o por lo que descuidamos. Por tanto, no podemos hacerle sufrir en última instancia. No obstante, este término se usa de manera significativa respecto a Él. Podemos entristecer al Espíritu Santo (Efesios 4:30) y apagarlo (1 Tesalonicenses 5:19).

De igual manera, no solo se nos llama a ser *pacientes* hasta lo sumo, sino a *sufrir* en la misma medida. No se trata de ser simplemente pacientes con los pecados y los defectos de los demás siempre y cuando no nos provoquen dolor alguno. Ser paciente significa que amamos, aun cuando estemos experimentando daño y dolor, cuando estemos *sufriendo*. Se nos ha llamado a sufrir (1 Pedro 2:21). Esta clase de amor es tan poderoso, porque imita a Dios y recibe de Él su poder. Cuando los cristianos reflejan con fidelidad el carácter divino, el mundo lo nota. Sabe que somos suyos cuando nos amamos los unos a los otros (Juan 13:35).

El fruto de la amorosa benignidad

En 1 Corintios 13:4, Pablo escribe: "El amor es sufrido, es *benigno*". ¡Extraña combinación esta de palabras! Observa cómo Pablo empareja la paciencia con otro fruto del Espíritu —la benignidad—, porque van juntas. Una cosa es soportar de forma pasiva el agravio o la hostilidad de los demás. Podemos aguantarlos y, a la vez, ser hostiles, buscar venganza o soltar una respuesta áspera. Esto no es lo que la Biblia quiere decir con ser sufrido. En su lugar, Pablo nos insta a responder con paciencia *y* benignidad.

¿Cómo describirías a las personas que son benignas? No son groseras. No son malas. Tienen un corazón generoso, afectuosos y se preocupan por los demás. Son sensibles y tiernas con los demás. Mirando mi vida en retrospectiva, pienso en mi padre que era un individuo muy fuerte. Había en él cierta agresividad y valentía. Sin embargo, lo que más destacaba en él era la mayor generosidad que jamás conocí, y era benigno.

Mi padre me llevó a pensar: "¿Cómo combinas la fuerza con la benignidad? ¿El poder con la suavidad? Sin embargo, eso es lo que Dios hace, porque así es Él precisamente. Cuanto más poderoso seas, más fácil te resulta ser benigno. No te sentirás amenazado ni tendrás necesidad de tomar represalias contra las personas siendo malo o duro con ellas. Mi padre terrenal me demostró, pues, a mí la benignidad de Dios. Él me reprendía y me amonestaba. Tenía la capacidad de tomarme aparte sin levantar jamás la voz, sin tan siquiera manifestar enojo hacia mí. De alguna manera, después de reconvenirme en privado, podía reconstruirme con gran suavidad, yo me marchaba caminando sobre algodones y pensando: "Vaya, tengo que portarme mejor la próxima vez". Él me inspiró de esta forma, por ser sus modales tan benignos.

Sé que muchas personas que lean esto afirmarán justo lo contrario. El trato recibido de sus padres era todo menos amable, pero a todos nos gusta ser tratados con benignidad. Una persona genuinamente amable es cosa rara, me temo, pero la benignidad está unida a la paciencia y al aguante como manifestación del amor. La benignidad es un corolario de amor. El amor no es cruel. El amor no es malvado.

Esto nos lleva a la frase siguiente de 1 Corintios 13:4: "El amor no tiene envidia". Estoy impaciente por llegar al cielo y poder sentarme con el apóstol Pablo y formularle una tonelada de preguntas teológicas: "¿Por qué afirmaste esto? ¿Por qué lo colocaste en este orden? Por favor, explícame tu proceso de pensamiento". Es lo que hacemos cuando estudiamos las Escrituras. Intentamos entender el qué y el porqué de esta enseñanza. Sin embargo, esto me resulta un tanto discordante y extraño. Al principio de su exposición de la naturaleza del amor, Pablo pasa con rapidez de la paciencia y la benignidad, manifestaciones claras del amor, a la envidia.

Tal vez su razón para actuar así esté relacionada con estar inmerso en una perspectiva de la realidad y de la virtud distinta a la de nuestra propia cultura. Considera las virtudes y los vicios que aparecen de manera destacada a lo largo de las Escrituras. Verás que la envidia es un pecado capital. Dios considera la envidia, los celos y la codicia como rasgos extraordinariamente destructivos para la sociedad y las relaciones humanas. No creo que tengamos la más mínima idea de cuánta destrucción se produce cada día motivada por la envidia. Una persona que envidia la posición, la reputación o las posesiones de otro —una nación que envidia la posición o las posesiones de otra—, esto es lo que produce las polémicas y las guerras. Centenares de miles de personas mueren por el odio que impulsa a sus semejantes a matar y a robar que nace de la envidia y de los celos.

Piensa en lo malo que es robar. Tu vecino se esfuerza por ganar algún dinero, usa parte de este y compra algo para el disfrute de su familia. En cambio, tú no has trabajado para asegurarte ese dinero, pero quieres poseer lo que él tiene, de manera que se lo robas. Tomas algo que le pertenece a otra persona y lo utilizas para ti.

¿Cómo puede quien actúa así mirarse al espejo y ver reflejada otra cosa que no sea el egoísmo? ¿Cómo es posible que esas personas no sientan sino desprecio por sí mismas sabiendo que están robando la propiedad de otro? Tal vez se justifiquen pensando "Tengo derecho a esto y ellos no". Pero la envidia es lo que les mueve: "Siento celos porque tú tengas algo que yo no poseo. En vez de ahorrar mi propio dinero para adquirirlo, te lo quito a ti".

En un sentido, el vandalismo es peor que el robo. El vándalo dice: "No puedo robarte lo que tienes. No puedo conseguir lo que te pertenece, pero si yo no puedo disfrutarlo, tampoco voy a dejar que tú lo hagas". ¿Por qué esa persona ve un bonito auto aparcado y le raya todo el lateral con la llave para estropearlo? ¿Qué placer saca alguien al romper o destruir la propiedad de otro? ¿Qué mueve a las personas a esta clase de conducta destructiva? La envidia. *Si yo no puedo disfrutarlo, tú tampoco lo harás.*

La ética cristiana que yo sigo consiste en regocijarme si tú logras un ascenso y yo no. Tengo que gozarme si tú experimentas una bonanza de prosperidad y yo no. Tengo que llorar con los que lloran, regocijarme con los que se regocijan, y desear tu bienestar por encima del mío (Romanos 12:15; Filipenses 2:4). Jesús es nuestro ejemplo supremo. Estuvo dispuesto a no procurarse una buena reputación —a vaciarse de su gloria, de sus posesiones y de sus tesoros— para beneficio nuestro (2 Corintios 8:9; Filipenses 2:5-7).

¿Piensas que hay algo en nosotros que Jesús tenga que envidiar? ¿He hecho algo alguna vez de lo que Él tenga que sentir celos? Él no necesita sentir envidia. No es egoísta para querer algo que nos pertenezca. Por tanto, el amor no envidia, porque en la envidia no hay amor. ¿Cómo puedo amarte si codicio tu propiedad o tu posición, y quiero robártelas para mi propia satisfacción? Eso no es amor. La envidia es totalmente incompatible con el amor.

Observa lo que Pablo está haciendo en 1 Corintios 13:4.

Alterna entre lo que llamamos el camino de la confirmación y el camino de la negación. Describe cómo es el amor cristiano; primero nos indica las cosas positivas que hace y, a continuación, describe el amor mediante la negación. Si quieres estar seguro de entender el amor, aquí tienes lo que es y lo que no es. El amor es sufrido. El amor es benigno. Pero el amor no tiene envida. A la hora de comprender un concepto es importante poder diferenciarlo de otras cosas. Buscamos similitudes y diferencias. Pablo nos proporciona ambas cosas en esta exposición de la naturaleza del amor.

El fruto del amor humilde y del dominio propio

Proseguimos con 1 Corintios 13:4: "El amor no es jactancioso, no se envanece". Se podría parafrasear: "El amor no hace alardes; no se hincha de orgullo". Cuando hacemos ostentación de nuestro poder, belleza o riqueza, ¿qué clase de amor es ese? Si demostramos vanidad hacia los demás, ¿a quién estamos amando? A nosotros mismos. Queremos ser el centro de atención. La envidia, la vanidad y las muestras ostentosas de orgullo son expresiones de egoísmo. No están orientadas a los demás, sino a nosotros mismos. Cuando amamos a otras personas, no buscamos autoexaltarnos. En su lugar, procuraremos edificar al otro. Eso es el amor.

Las Escrituras tienen mucho que decir sobre el orgullo. Oímos la famosa expresión: "Al orgullo le sigue…". ¿Qué? La mayoría de las personas añaden "el fracaso". Pero esto no es cierto. Es una forma abreviada de la totalidad del proverbio. Lo que la Biblia declara respecto al orgullo

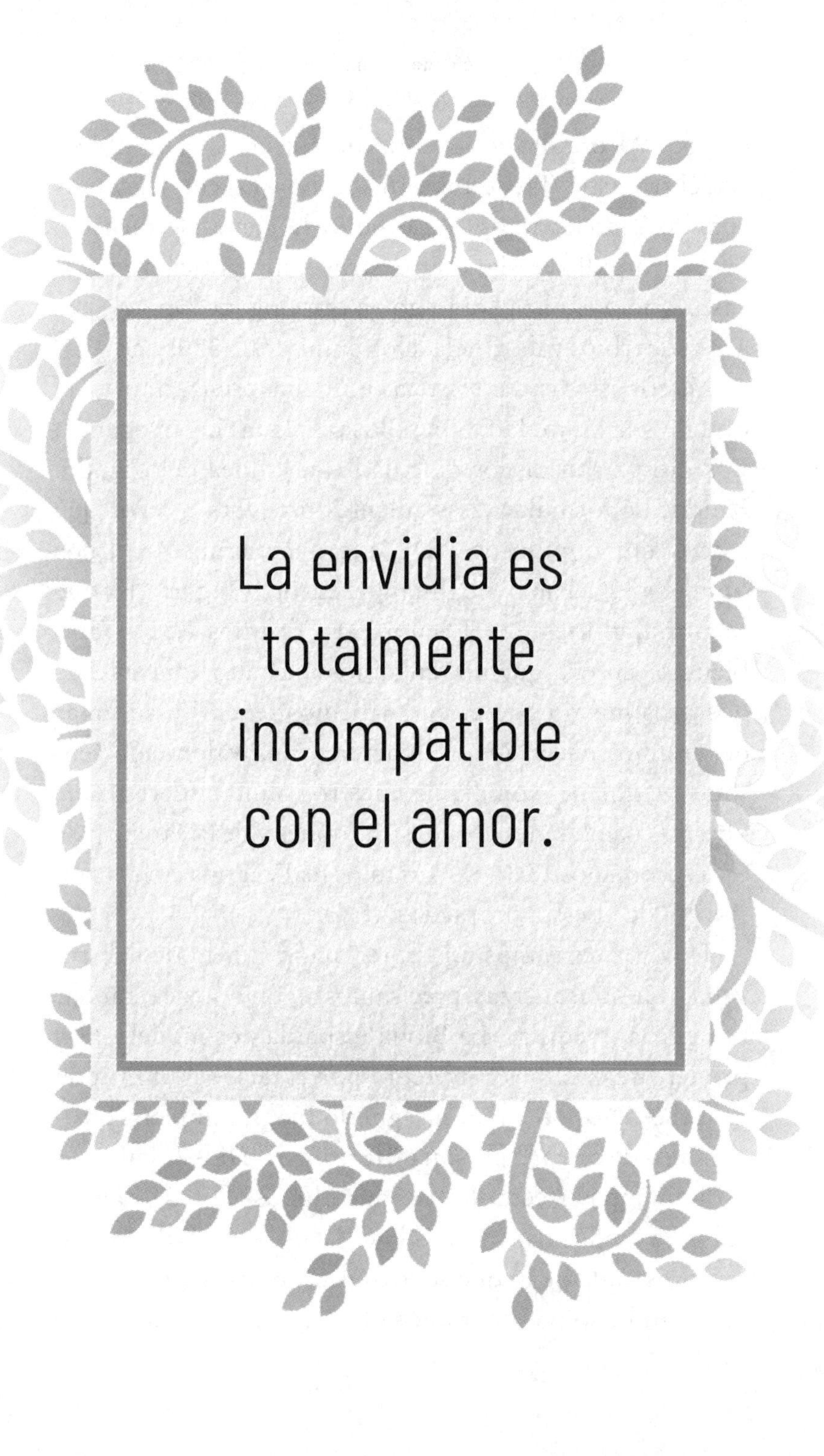
La envidia es
totalmente
incompatible
con el amor.

es que "Al orgullo le sigue la destrucción; a la altanería, el fracaso" (Proverbios 16:18, NVI). Lo condensamos cuando sentenciamos "Al orgullo le sigue el fracaso". Pero al orgullo le sigue la destrucción. Anticipa el fracaso. Como explica Santiago en otro lugar, "Dios resiste a los soberbios y da gracia a los humildes" (Santiago 4:6).

Vemos estas características humanas contrastantes: el orgullo y la humildad. Son polos opuestos. La arrogancia y la altivez son rasgos vinculados a la idea del orgullo. Hemos de formular las siguientes preguntas: "¿Por qué somos tan orgullosos? ¿De qué deberíamos sentirnos orgullosos?". Pablo nos manda en otro lugar: "El que se gloría, gloríese en el Señor" (1 Corintios 1:31). También nos enseña que no tengamos más alto concepto de nosotros mismo que el que debemos tener. En su lugar deberíamos hacer una evaluación y una valoración sensatas de quienes somos, de nuestros puntos fuertes y de nuestras debilidades, de nuestros dones y de la carencia de estos (Romanos 12:3). Deberíamos realizar una estimación sincera de nuestra propia capacidad.

Una vez tengamos una apreciación exacta de nuestra valía y nuestras fuerzas, precisamos algún tipo de estándar por el cual medirlas. La Biblia respalda dos modelos. En primer lugar, el nivel supremo por el cual se juzga toda virtud es Dios mismo. En segundo lugar, también consideramos de cerca la persona y la obra del Dios-hombre, el ser humano perfecto, Jesús. Si acudimos a estos estándares para medirnos, ¿cuál es la conclusión ineludible? No tenemos nada de lo que sentirnos orgullosos.

Cuando nos comparamos con Dios, no es de sorprender que las Escrituras usen algunos de los términos más gráficos imaginables para describir la vileza de nuestra humanidad. No es una mera autodegradación lo que hace que un hombre del Antiguo Testamento exclame "Soy gusano" (Salmos 22:6). Esto parece denigrar el valor de la humanidad hasta confesar que somos tan viles como gusanos. Piensa en esa cosa serpenteante y sucia llamada gusano. Pocas cosas son de más baja estima. Algunos personajes bíblicos se golpean el pecho y declaran "Mas yo soy gusano". Jesús no se alejó mucho de esta clase de evaluación cuando contempló a algunos de sus contemporáneos y los llamó serpientes (Mateo 23:33).

Juan Calvino pronunció, en una ocasión, un comentario provocador sobre los bebés cuando se refirió a la corrupción inherente de la raza humana. Estaba explicando cómo la humanidad nace en pecado original y el grado de nuestra depravación. Declaró que los bebés están tan contaminados como las ratas. He de dejar constancia aquí de que estoy rotundamente en desacuerdo con Juan Calvino en este tipo de comparación. Creo que es un desliz de la pluma del gran reformador, porque no le hace justicia a la rata. Es un insulto para el roedor. Este animal se limita a actuar como lo hacen los de su especie: obedece a las leyes de la naturaleza, escapa de los gatos, va en busca del queso y pasa tiempo hurgando en los vertederos de basura. Las ratas han sido creadas para esto.

Sin embargo, la rata no se ha alzado en protesta contra su Creador. Ningún roedor se vio involucrado en la conspiración para ejecutar al Hijo de Dios cuando estaba en esta tierra. A las personas les preocupa la condición caída de la naturaleza y los problemas ecológicos que tenemos hoy con la contaminación. Si queremos deshacernos del mayor contaminador, no llamamos sencillamente al flautista y eliminanos a las ratas. Para purificar realmente este planeta, tendríamos que acabar con todos los seres humanos, porque la humanidad es la principal portadora de la impiedad y del mal en este mundo. No queremos contemplarnos en estas categorías, y por ello nos horrorizamos cuando Calvino o yo hacemos tales comentarios.

Ahora bien, es evidente que no pretendo sugerir que las ratas pertenezcan a una especie de un orden superior al de los seres humanos. La otra cara de la moneda es que la Biblia habla de la alta dignidad atribuida a la humanidad. Somos creados un poco inferiores a los ángeles en el orden de la creación (Salmos 8:5). Se nos ha otorgado dominio sobre las plantas y los animales, incluidas las ratas. Nuestro puesto en el universo es de un grado superior al de cualquier rata. Dios ha investido, sin lugar a duda, mayor dignidad en las personas que en las ratas, y esto es lo que hace que nuestros pecados sean tan graves. El estatus mismo y la posición que Dios nos ha dado deberían hacernos profundamente agradecidos y humildes. El Creador nos ha dotado de un extraordinario nivel de dignidad, pero se ha convertido en una ocasión para nuestro orgullo y nuestra imitación de Satanás mismo. Las Escrituras afirman que el pecado que indujo a Satanás, como ángel creado por encima del nivel de los seres humanos, a caer y a rebelarse contra Dios fue su orgullo (Isaías 14:12-15; Ezequiel 28:12-19).

Del mismo modo, el acercamiento básico de la serpiente

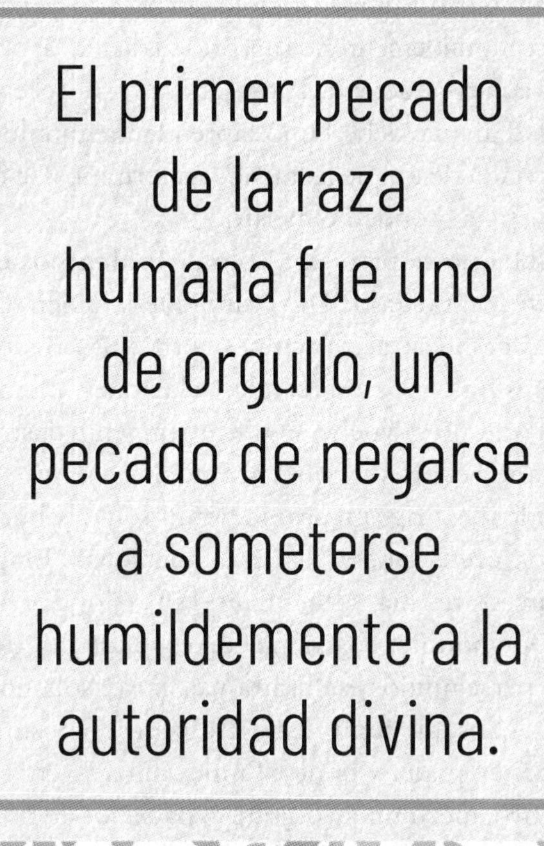

El primer pecado
de la raza
humana fue uno
de orgullo, un
pecado de negarse
a someterse
humildemente a la
autoridad divina.

a Adán y Eva en el jardín fue un llamado a su orgullo y una seducción de este. ¿Recuerdas la invitación que le hizo a esta pareja, afirmando que, si comían de aquel árbol, "[serían] como Dios" (Génesis 3:5)? El primer pecado de la raza humana fue uno de orgullo, un pecado de negarse a someterse humildemente a la autoridad divina. Si nos comparamos con el carácter de Dios, si miramos en el espejo de la santidad divina, deberíamos aprender la humildad. No tenemos nada de lo que jactarnos en términos de nuestra propia justicia, bondad o mérito.

La Biblia no se preocupa solo de evaluarnos en contraste con el carácter de Dios, sino que también habla en ocasiones de nuestras relaciones entre nosotros mismos como seres humanos. Ahí, en las relaciones humanas, es donde el orgullo se vuelve significativamente destructivo. Ahí es donde el orgullo viola el amor.

Cuando me dirige mi propio orgullo y no la humildad, empiezo a preferirme a las demás personas. Empiezo a buscar un estatus más alto, un nivel superior de poder, de aplauso, de honor del que me corresponde por derecho. Cuando perseguimos esa honra y el éxito, solemos denigrar a aquellos que compiten y rivalizan con nosotros por posiciones de poder y honor. Empezamos a actuar de un modo altivo, mezquino y orgulloso hacia los demás. Esto, de nuevo, vincula el orgullo al egoísmo, porque ambos van de la mano cuando lo que más nos preocupa es nosotros mismos.

En este punto, el Nuevo Testamento presenta una ética radical. Establece un estándar opuesto a las costumbres y las prácticas de toda sociedad de este mundo. Nos enseña que deberíamos preferir la exaltación de los demás antes que la nuestra (Filipenses 2:3). Piensa en los fariseos y lo a menudo que Jesús los atacó por su orgullo. ¿Cómo lo manifestaban? Considera esta lista tomada de Mateo 23:1-12:

- Alargaban las filacterias de sus vestiduras. ¿Por qué? Era el símbolo de su estatus.
- Buscaban el aplauso y la aclamación de los demás.
- Constantemente buscaban y maniobraban entre bastidores para conseguir los principales asientos en las sinagogas.
- Luchaban por controlar las posiciones de honor y autoridad.
- Estaban hinchados de orgullo y eran arrogantes.
- Y, por supuesto, odiaban a Cristo, porque Él vino como la revelación del verdadero estándar de justicia. Cuando apareció, la falsa manifestación que ellos hacían de la justicia se vio como una falsificación.

Cristo, quien tenía gloria eterna e intrínseca, majestad y honor, renunció a hacerse una reputación. Estuvo dispuesto a dejar a un lado su gloria y su honra para servir y salvar. Escogió la humillación en vez de la exaltación con tal de redimirnos. Nosotros no elegimos nunca la humillación. Huimos de la misma. Tenemos hambre y sed de exaltación. Nos gusta recibir honra. Amamos el aplauso de las personas y, ¡cuán peligroso puede ser esto!

Las Escrituras afirman, por otra parte, que no debemos perseguir la honra, la gloria y el estatus, pero sí otorgárselos a los demás. En otras palabras, la Biblia nos exige honrar a quienes se lo merecen. Hemos de respetar a los magistrados civiles (1 Pedro 2:17). Los niños deben honrar a sus padres (Éxodo 20:12). El estudiante ha de reverenciar a su maestro. El empleado tiene que honrar a su patrón. En algunos lugares, somos nosotros quienes debemos recibir honra. En otros, somos quienes debemos brindarla. Ambas cosas deben ser según lo que Dios ha establecido en nuestras relaciones. Cuando nos negamos a dar honra donde esta se corresponde, el orgullo conduce a la destrucción. Nos ponemos con arrogancia y altivez por encima de donde nos corresponde.

Debemos reconocer que existe una fina línea entre la confianza en uno mismo y la autosuficiencia. En sentido virtuoso, lo primero consiste en efectuar una valoración juiciosa de nuestras propias capacidades. La arrogancia suele proceder de la inseguridad, cuando no tenemos confianza pero fingimos poseerla, o intentamos imponérsela a otras personas mediante la intimidación. El amor no es así. No es engreído. No hace una manifestación ostentosa del estatus, la riqueza, los dones o el poder propios. Amar es ser humilde como Cristo lo fue.

Piensa en cuánta destrucción ha sobrevenido en tu vida por culpa de tu orgullo y por el de otros. El único antídoto, la única cura para este mal es comprender dos cosas: quién es Dios y quiénes somos nosotros. Cuanto más entendamos el carácter divino y quiénes somos nosotros con respecto a Él, más dispuestos estaremos a producir el fruto

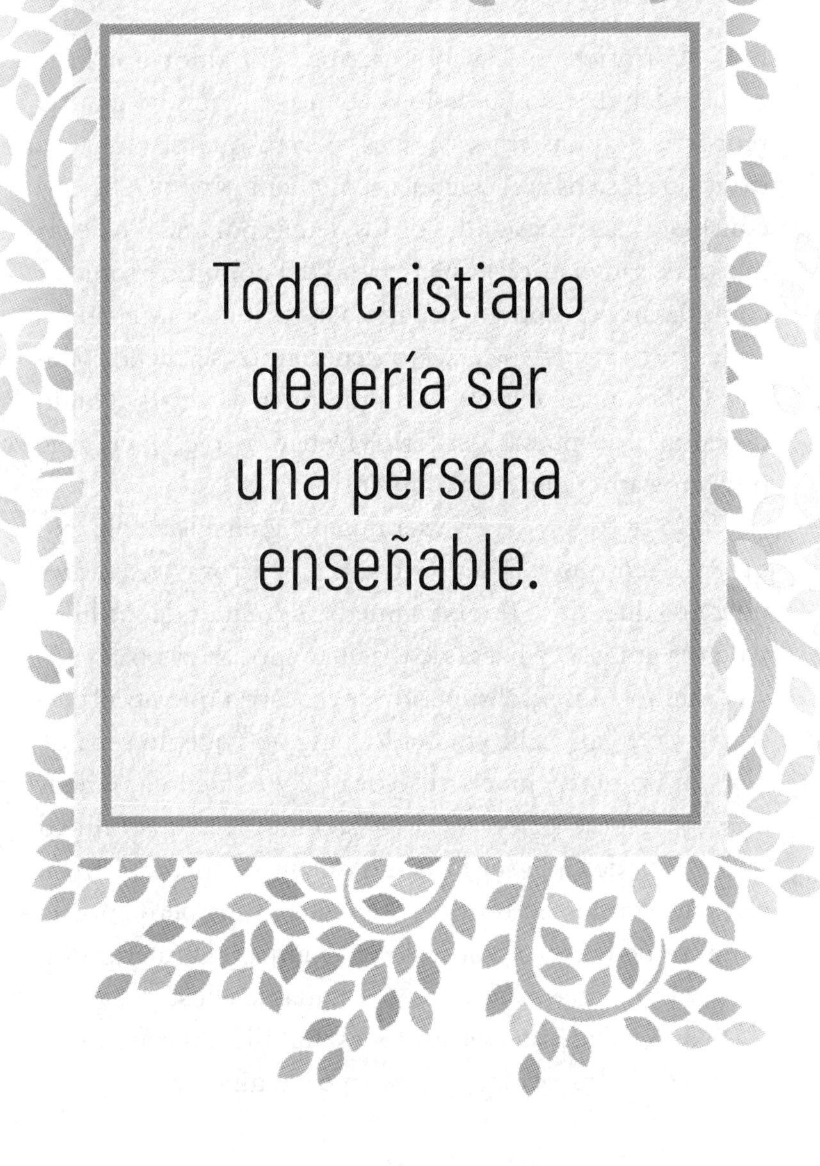

Todo cristiano
debería ser
una persona
enseñable.

del Espíritu en amor humilde, y más moldeados seremos con este fin.

El fruto del dominio propio

En 1 Corintios 13:5, Pablo escribe "[El amor no] hace nada indebido. No busca lo suyo, no se irrita, no guarda rencor". Algunas traducciones vierten que el amor no exige que las cosas se hagan a su manera (NTV). Debemos considerar las necesidades de los demás por encima de las nuestras. Quienes poseen la virtud del dominio propio se comportan del modo adecuado a las diversas situaciones en las que se encuentren. No deberíamos ser pendencieros. Deberíamos respetar las opiniones de otros cuando disientan con nuestro criterio. Debemos reconocer que podemos aprender de cualquiera.

Todo cristiano debería ser una persona enseñable. No quiero decir que solo un profesor, un pastor o sus padres puedan educarlos. También puedes aprender de tus hijos y de tus amigos, y hasta de tus enemigos. Hay cosas que yo domino a un nivel superior de maestría que otras personas, pero jamás he conocido a alguien que no sepa de algo en un grado mucho mayor que yo. Puedo aprender una nueva percepción de la vida, un arte, una habilidad o una idea de cada ser humano que he conocido. Pero si nos encerramos en nosotros mismos y nos perdemos la belleza que Dios ha colocado en cualquier otra criatura, no seremos capaces de aprender nada de ellos.

Por consiguiente, el amor es humilde. Procura los intereses de los demás, y este tipo de amor es un fruto del Espíritu. No es algo que produzcamos en nosotros mismos. Conforme seguimos buscando las pruebas externas de la fe, la vara de medir por la cual determinamos el crecimiento espiritual se ve con mayor claridad en el fruto del Espíritu. Hemos dedicado este capítulo a pensar principalmente en el amor, porque es "el mayor de estos" (1 Corintios 13:13). Pero ahora pasamos a otro fruto vital.

El fruto del Espíritu

La Biblia enseña que el amor es, a la vez, un don y un fruto. Figura al principio de la lista que Pablo recoge del fruto del Espíritu en Gálatas 5:22-23.

Los dos rasgos que siguen al amor en este pasaje son el gozo y la paz. Cuando vemos virtudes como estas sin requisitos, pueden resultar difíciles de entender. ¿De qué tipo de gozo está hablando aquí el apóstol? ¿Qué clase de paz tiene en mente? Si has efectuado alguna vez un estudio sobre el término "gozo" tal como se usa en la Biblia, habrás aprendido que las Escrituras aluden al mismo de numerosas formas. ¿A qué tipo específico de gozo aludía Pablo aquí?

El gozo tiene que ver con la disposición de la personalidad propia hacia la alegría. En términos simples, el Espíritu Santo no es un aguafiestas. No es taciturno ni sarcástico. Cuando el Espíritu de Dios mora en el cristiano y la personalidad de este se moldea mediante la presencia del *agape* en el alma, uno de los resultados es tener una alegre disposición. De hecho, el reformador Juan Calvino prefiere el termino *hilaritas* en latín —hilaridad— para indicar lo que significa poseer el fruto espiritual del gozo.

Este gozo está arraigado y se basa en la celebración de la victoria del cristiano. Jesús nos alienta: "Confiad, yo he vencido al mundo" (Juan 16:33). Es decir, que el fruto del gozo no es una actitud superficial y frívola. No es una felicidad ficticia tan a menudo característica en el seno de la comunidad cristiana. Existe un gozo empalagoso, ligero y superficial que se convierte en una farsa. Se espera que los cristianos sean felices y estén gozosos. En ocasiones fabricamos una fachada de júbilo realmente repugnante para los que son ajenos a la fe, porque conlleva y transmite un aura de hipocresía y superficialidad. Es por ello que tenemos esta imagen en la cultura de ser cristianos ficticios.

En su lugar, la alegría que debe caracterizar al cristiano que lleva el fruto del Espíritu procede de comprender algo relevante. Es el gozo del esposo y la esposa. La felicidad que deriva de la boda. El júbilo de la celebración, y lo que se celebra principalmente es la victoria de Cristo.

Cristo ha vencido al mundo. Cuando esto se asienta en nuestra mente y las ramificaciones de su victoria cósmica ganan terreno en nuestros corazones, nos capacita para sentirnos gozosos. Este júbilo llega en medio de las circunstancias funestas y terribles de este mundo. No nos regocijamos en lo trágico. No estamos alegres en medio del sufrimiento. Más bien, el cristiano tiene que saber cómo hacer duelo. De hecho, la Biblia señala: "Mejor es ir a la casa del luto que a la casa del banquete" (Eclesiastés 7:2). No obstante, todavía sigue habiendo una sensación profundamente arraigada de gozo que no nos puede ser arrebatado. Se basa en la victoria suprema de Cristo y en lo que este triunfo significa de forma personal para el creyente.

Me hace recordar una historia del Nuevo Testamento en la que Jesús envió a los discípulos a una misión y les dio poderes extraordinarios y milagrosos. Los mandó expulsar demonios y sanar. Jamás habían poseído este poder. ¿Puedes imaginar que Cristo viniera a ti y durante dos semanas te concediera su poder para llevar a cabo milagros? ¿Hasta qué punto sería emocionante? Se encontraron con endemoniados y ordenaban "Sal de él", y los demonios temblaban y huían aterrorizados. Se acercaban a los sordos y decían "Oye", y aquellos individuos oían. Los discípulos regresaron entusiasmados, y es comprensible, pero Jesús les señaló: "No os regocijéis de que los espíritus se os sujetan, sino regocijaos de que vuestros nombres están escritos en los cielos" (Lucas 10:20).

Cuando un cristiano crece en la gracia, empieza a entender lo que produce verdadero gozo y felicidad. Cuando el fruto del Espíritu arraiga en su vida, conoce de verdad la fuente de su alegría. Por otra parte, no es un escapismo irracional de frivolidad. Es una alegría enraizada y basada en la realidad cósmica. La victoria se ha ganado. Independientemente de lo que vaya mal en la vida cristiana —tragedia, dolor o tristeza real— debería seguir habiendo una dimensión más profunda de júbilo por lo que Cristo ha hecho.

Junto con esta alegría y este amor llega la dimensión de la paz. Bíblicamente, este concepto es una de las dimensiones de revelación más integrales. ¡Es tan multifacético! Podemos contemplarlo en sus diversos matices y quedar un tanto desconcertados por el tipo de paz que Pablo tiene en mente de forma específica. El término utilizado para paz en el Antiguo Testamento es *shalom*. Era tan importante para los judíos que emergió como la forma estándar de saludos y despedidas: *shalom aleijem* significa "la paz esté contigo" y *aleijem shalom* quiere decir "y a ti también paz". No decían "hola" ni "adiós", sino "paz".

También era un interludio de la seguridad de los estragos de la guerra. La *Pax Romana* alude a un periodo extenso de la civilización occidental cuando la paz llegó al Imperio romano. La inseguridad procedente de la guerra constante dejó su impronta sobre el pueblo judío que buscó con desesperación el final de las guerras. Esperaban el día del cumplimiento de la visión profética cuando sus espadas se convertirían en arados y no existirían más combates (Isaías 2:4; 9:5). Incluso ahora, en la historia redentora, la paz no reina en la casa de Israel. El Antiguo Testamento exhorta al pueblo a elevar una oración: "Pedid por la paz de Jerusalén" (Salmos 122:6).

La paz era también casi un sinónimo de salvación en el Antiguo Testamento. Refleja un nuevo estado de cosas en las relaciones entre la humanidad y Dios, y entre los seres humanos. La Biblia declara que, por naturaleza, somos enemigos de Dios (Romanos 5:10). ¿Qué significa esto? Quiere decir que estamos en guerra con Él en nuestra naturaleza caída. Y no solo esto, sino que estamos separados de nuestros congéneres y de nosotros mismos. Naciste y te criaste en un ambiente de guerra. Aunque las armas de las naciones estén en silencio, tu corazón está en guerra con Dios. Está en guerra con tus congéneres y contigo mismo.

Cristo vino a traer reconciliación, pero todo el concepto reconciliador presupone distanciamiento. No puede haber apaciguamiento a menos que exista primero una enemistad. La paz suprema que buscamos es el lugar donde se produce la reconciliación entre Dios y nosotros. Cuando Pablo escribe sobre la justificación, declara: "Justificados, pues, por la fe, tenemos paz para con Dios por medio de nuestro Señor Jesucristo" (Romanos 5:1). La cruz, nuestro arrepentimiento y nuestra justificación nos llevan a una comunión y a una armonía restauradas con Dios. Sin embargo, ninguna de estas cosas es el punto focal del fruto del Espíritu denominado paz.

Después de que se establezca la paz con Dios, el Espíritu Santo se derrame en nuestros corazones y esa nueva capacidad de amor y gozo esté en nosotros, tenemos la nueva facultad de vivir en paz *con las personas*. Calvino asevera que lo opuesto al fruto del Espíritu es el espíritu pendenciero, el espíritu de conflicto. La persona que está creciendo en la gracia es alguien que sigue el mandato apostólico de vivir en paz con todos, en lo que de ella dependa (Romanos 12:8). Un cristiano maduro debe ser una persona pacífica que escucha la bendición de Jesús cuando Él declara: "Bienaventurados los pacificadores,

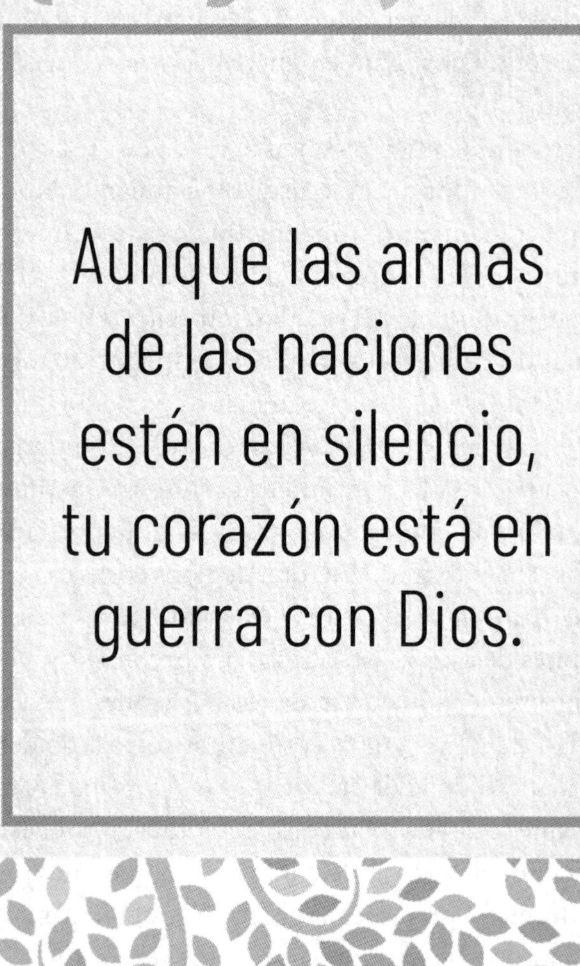

Aunque las armas
de las naciones
estén en silencio,
tu corazón está en
guerra con Dios.

porque ellos serán llamados hijos de Dios" (Mateo 5:9). Si quieres ser un hijo de Dios, has de tener un espíritu de paz.

Esto puede conducirnos fácilmente a un grave malentendido y al error. Existe algo llamado paz falsa o carnal cuyo origen es la carne. No nace de la disposición a amar otras personas, sino de la cobardía. Quien teme a los conflictos y hace las paces cuando lo intimidan no está buscando lo que denominamos una paz honrosa o justa. En su lugar, a esto se le llama pacificación. En el Antiguo Testamento, Israel fue corrompido hasta la médula por los falsos profetas de la pacificación. Por tanto, Jeremías se lamentó: "Y curaron la herida de la hija de mi pueblo con liviandad, diciendo: Paz, paz; y no hay paz" (Jeremías 8:11).

No siempre es posible que los cristianos estén en paz con todos. Cristo no estaba en paz con los fariseos. Tampoco con los que lo mataron, pero su espíritu era pacificador. Había poca paz en el *Circus Maximus* cuando los primeros cristianos eran lanzados a los leones. Esos cristianos eran pacificadores, pero ser cristiano en una cultura de incrédulos es situarse en el centro de la polémica del mundo. Tenemos que entenderlo y aceptarlo. De otro modo, la falsa paz puede infiltrarse cuando sentimos la tentación de buscar la paz mediante la transigencia o huyendo de la responsabilidad o la persecución y la tribulación. El apaciguamiento se produce cuando preferimos sentirnos en paz en lugar de pelear por el reino de Dios.

Del mismo modo, observa las imágenes en el Nuevo Testamento. Por una parte, se nos llama a la guerra (Mateo 10:34-36) y, por la otra, a la paz (Hebreos 12:14). Existe una cierta inevitabilidad de que el cristiano se vea atrapado en el conflicto y la controversia. Nos veremos en medio de un torbellino, porque la cruz de Cristo conlleva una ofensa integrada para el mundo. Cuando tenemos una disposición, una conducta y una actitud pacífica para con el mundo, no debemos añadir al agravio de la cruz por medio de un espíritu beligerante, gruñón, de pelea y disputa.

Finalmente, existe esa paz que sobrepasa todo entendimiento (Filipenses 4:7). La paz con Dios nos posibilita estar en paz en medio del mundo. Además de poseer el amor de Cristo, el cristiano posee la paz de Cristo. Este fue su legado. ¿Recuerdas lo que declaró en el aposento alto? "No se turbe vuestro corazón; creéis en Dios, creed también en mí" (Juan 14:1). Y prosiguió: "La paz os dejo, mi paz os doy; yo no os la doy como el mundo la da" (Juan 14:27). Es una clase de paz trascendente y cualitativamente diferente. Cuando posees en tu corazón la paz de Cristo, te proporciona el poder de una disposición pacífica. Mata el espíritu de lucha y la personalidad pendenciera que no brinda honra a Cristo.

La paciencia y la benignidad

En el último capítulo hemos considerado brevemente la paciencia —o longanimidad— en la explicación de 1 Corintios 13, pero quiero iniciar esta sección afirmando que Dios Espíritu Santo no tiene mal genio. Recuerda, quiero enfatizar que todas las virtudes cristianas se basan, en última instancia, en el carácter de Dios. El fruto del Espíritu no es ni más ni menos que el carácter divino santo y justo producido en nuestro interior.

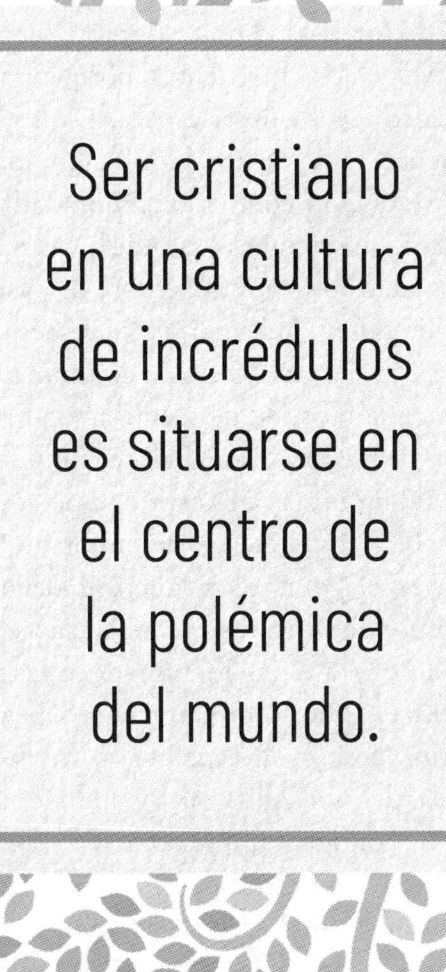

Ser cristiano
en una cultura
de incrédulos
es situarse en
el centro de
la polémica
del mundo.

Por tanto, vemos en la persona de Dios el ejemplo supremo de estas virtudes. Se le describe a Él mismo como longánimo y, básicamente, esto es de lo que trata el concepto más abstracto de la paciencia. Está relacionado con la capacidad de soportar el dolor durante un período de tiempo. Nos volvemos impacientes, porque no podemos aguantar el sufrimiento de la espera. Ese es el vínculo entre la paciencia y la idea de la longanimidad. El término griego traducido como "longanimidad" combina el prefijo *macro,* que significa "grande", y la palabra raíz *thumos,* que quiere decir "sentimientos" o "pasiones". De manera que longanimidad significa "grandes sentimientos". Puedes ver que es una expresión de amor. Los que son pacientes tienen la facultad de seguir amando a lo largo de un período de tiempo. La lealtad se compone de esto.

Al leer la Biblia observa la cantidad de veces que no se limita a hablar simplemente del amor de Dios, sino que nos provee el calificador adjetival delante, "fiel" (NTV). En el amor de Dios existe coherencia y constancia. Esa estabilidad está a menudo ausente en las relaciones interpersonales entre los seres humanos. Sabemos lo que significa sentirse herido y decepcionado, defraudado por el espíritu voluble, por aquel que te abandona. Podrían comprometerse contigo durante un tiempo, cuando todo va bien, pero al primer error, pecado o conflicto, la relación se desmorona y se disuelve. Ese amor no aguanta a largo plazo, pero el amor de Dios es constante. Eso es lo que define la misericordia y lo que produce misericordia.

Hay tres palabras con las que nos topamos a menudo en el Nuevo Testamento. Las personas suelen usarlas en su léxico común como si fueran sinónimas, pero no lo son. Es importante tener clara en nuestra mente la fina distinción respecto a estos conceptos, que son la justicia, la reivindicación y la venganza.

Justicia tiene que ver con la manifestación de la rectitud. En el tribunal de justicia se hace justicia cuando existe un equilibrio, una armonía y una equivalencia entre la transgresión y el castigo, la virtud y la recompensa. Se hace justicia cuando la pena es igual al delito o cuando el premio es equiparable al mérito. Esto es lo que queremos decir de manera fundamental con justicia. La injusticia se produce cuando el castigo es más severo que el delito o cuando la recompensa está por debajo de lo que se requiere. Esto es una injusticia, o es algo injusto.

Ahora, considera la ligera diferencia entre justicia y reivindicación. Esta última ocurre cuando alguien ha sido acusado de un delito y se demuestra que es inocente de ello. Una persona es revindicada cuando se la exonera de acusaciones falsas. Una de las ofensas más difíciles de soportar, si queremos ser pacientes y longánimos, es aguantar el dolor de la calumnia, de las acusaciones falsas y de la hostilidad del mundo. Hay ocasiones en las que los cristianos son llamados a padecer por causa de Cristo. Sufrir por amor a la justicia es un llamado noble.

Jesús mismo pronuncia su bendición sobre tales cristianos. Declara: "Bienaventurados sois cuando por mi causa os vituperen y os persigan, y digan toda clase de mal contra vosotros, mintiendo. Gozaos y alegraos, porque vuestro galardón es grande en los cielos" (Mateo 5:11-12). Del mismo modo, pregunta: "¿Y acaso Dios no hará justicia a sus escogidos, que claman a él día y noche?" (Lucas 18:7). Se nos alienta a orar a Dios para que nos revindique cuando las acusaciones son levantadas contra nosotros en falso. Mientras tanto, se nos insta a tener un espíritu de paciencia y longanimidad.

Finalmente, la venganza es cuando intentamos devolver un agravio. El cristianismo no proscribe la justicia ni rechaza los tribunales de justicia. Si la venganza castiga al malhechor, Dios declara: "Mía es la venganza". Con demasiada frecuencia es lo único que las personas oyen, pero acto seguido, anuncia: "Yo pagaré" (Romanos 12:19). Es como si Dios nos tranquilizara: "No te preocupes por la venganza. Llegará. No solo te vindicaré, sino que castigaré a los que te han acusado en falso. No me limitaré a exonerar al inocente; castigaré al culpable. *Yo lo haré; tú no*". Dios se reserva la venganza para Él y para las instituciones terrenales a las que Él ha asignado esa responsabilidad, a saber, los tribunales de justicia.

¿Por qué no nos da Dios el derecho a buscar venganza? La razón es que, en cada uno de nosotros, hay una capacidad profundamente arraigada de cruel venganza, pero cuando el fruto del Espíritu crece en nosotros, también crece nuestra capacidad de longanimidad, de paciencia, de aguantar el insulto y el agravio. En ese momento estamos caminando en las pisadas de Cristo, quien fue el modelo supremo de paciencia. Tendemos a ser más pacientes con personas sobre las que no tenemos poder, porque no podemos permitirnos lo contrario. En ese caso, la paciencia no es tanto una virtud, ¿verdad? Jesús soportó la hostilidad de los pecadores, aun cuando podría haber llamado a legiones de ángeles que acudieran a Él (Mateo 26:53; Hebreos 12:3). Ahora, *esa* realidad requiere gracia: ser pacientes cuando tenemos el poder de ser impacientes.

Hemos señalado que el amor es *benigno*. ¿Cómo respondes a quienes son buenos? ¿Cómo te sientes cuando alguien afirma que *tú* eres buena persona? La bondad es una manifestación de la paciencia. Las personas benignas no se enfurecen por cosas pequeñas. No son rencorosas. Una persona benigna es cálida y optimista con los demás. Y cuando entendamos de verdad que somos los receptores de la bondad de Dios, seremos benignos. *Anhelaremos* demostrar bondad.

Piensa por un momento en la benignidad que has recibido de tu Padre y Salvador. Cuando David experimentó un profundo remordimiento por su pecado, clamó a Dios: "Ten piedad de mí, oh Dios, conforme a tu misericordia; conforme a la multitud de tus piedades borra mis rebeliones" (Salmos 51:1). La bondad divina es nuestra única esperanza. No podríamos estar un minuto en la presencia de Dios de no ser por su misericordia, y se nos llama a demostrar este mismo tipo de conducta.

¿Qué aspecto tiene la benignidad? ¿Qué es lo que la bondad *no* hace? Una de las cosas que me preocupa en nuestra cultura cristiana es el problema de la mezquindad. La Biblia afirma que "el amor cubrirá multitud de pecados" (1 Pedro 4:8). ¿Te has encontrado alguna vez en ambientes cristianos criticones y mezquinos? No puedo pensar en nada que paralice la obra cristiana con mayor rapidez que las críticas de pecados realmente menores. Sí, ciertamente el pecado es pecado, pero hasta la Biblia

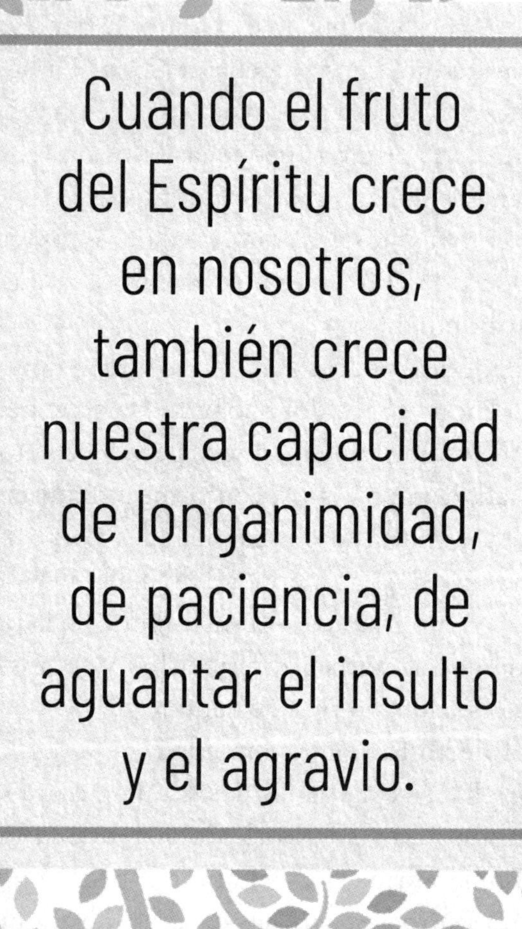

Cuando el fruto
del Espíritu crece
en nosotros,
también crece
nuestra capacidad
de longanimidad,
de paciencia, de
aguantar el insulto
y el agravio.

comprende la diferencia entre las transgresiones odiosas que destruyen a la comunidad cristiana y que deberían ser disciplinadas, y nuestras luchas normales, diarias. La mezquindad es señal de inmadurez. Ese fruto no ha madurado aún. ¿Sientes la tentación de corregir a los demás por cada detalle de su conducta que te parece incorrecto?

Sin embargo, la benignidad pasa por alto los errores insignificantes. No se desvía de su camino para hacer que los demás queden innecesariamente en evidencia. En su lugar, la persona benigna supera la nimiedad y trata al resto de las personas preocupándose por su bienestar. Dado que Cristo ha sido bueno con nosotros, ahora tenemos tanto la motivación como el poder de serlo nosotros también con los demás.

Bondad y fe

Ahora pasamos al siguiente fruto del Espíritu: la bondad. Pablo escribió una de las declaraciones más radicales del Nuevo Testamento. Estaba tratando la extensión del estado caído y de corrupción de la humanidad, y citó los Salmos: "Todos se desviaron, a una se hicieron inútiles; no hay quien haga lo bueno, no hay ni siquiera uno" (Romanos 3:12; citando Salmos 14:1, 3 y Salmos 53:1, 3). A primera vista suena indignante. ¿*No hay quien* haga lo bueno?

Parte del problema es, por supuesto, que esa "bondad" como sustantivo es un término relativo. No es que la ética sea, en última instancia, relativa; sino que la idea de "bondad" o "bueno" tiene que determinarse según un estándar. También entendemos desde la perspectiva bíblica que, cuando Dios evalúa la virtud, no le preocupa tan solo nuestra conformidad externa a las exigencias de la ley, sino también nuestra motivación interna. Teológicamente definimos una buena acción como una que se conforma en apariencia a las exigencias de la ley de Dios y que está interiormente motivada por el deseo genuino de agradarle a Él.

Podría dar la impresión de que las personas incrédulas alejadas de Dios, la humanidad caída, pueden hacer buenas acciones, pero su motivación es su propio interés o sus valores humanitarios. No sienten el deseo particular de complacer a su Creador. La falta de motivación interna, de la disposición del corazón, es la que estropea el veredicto final de la bondad. Por tanto, si definimos esta virtud teniendo en consideración lo interno y lo externo, tiene sentido que Pablo afirme: "Nadie hace lo bueno". Teniendo todo esto en cuenta, ninguna persona no regenerada hace nunca, pues, una buena acción genuina. Somos moralmente incapaces de tener bondad en este sentido supremo.

¿No es asombroso que la bondad sea un fruto del Espíritu? Dios regenera a su pueblo. Su poder obra en nosotros y cambia la disposición de nuestros corazones. Uno de los cambios más espectaculares que produce la conversión es que tenemos una inclinación radicalmente nueva hacia lo bueno. Queremos hacer lo bueno, porque deseamos agradar a Dios. Una vez que Él nos justifica, somos capaces de realizar actos de justicia y obediencia impulsados por la nueva disposición de nuestro corazón. Dios derrama su Espíritu en nosotros y, de este modo, nos proporciona una capacidad creciente para hacer lo bueno de la que antes carecíamos.

¿Por qué incluye Pablo la "bondad" en los frutos del Espíritu? ¿Qué quiere decir cuando usa esta palabra? Una de sus dimensiones en términos bíblicos es la capacidad de apreciar la excelencia. Hemos nacido de nuevo con la capacidad de apreciar lo bueno, lo verdadero y lo hermoso. Parte de nuestro crecimiento en la santificación es la capacidad de apreciar la excelencia dondequiera se manifiesta. Deberíamos apreciar la hermosura por lo que es, porque refleja el orden y la armonía del carácter de Dios mismo. Una de las cosas tristemente ausente en la comunidad cristiana de hoy es una honda y profunda apreciación por la estética.

Piensa, por ejemplo, en cómo ordenó Dios la edificación de su tabernáculo (Éxodo 31:1-11). Los judíos tenían artesanos dotados carismáticamente por el Espíritu Santo. Dios le había indicado a Moisés: "Y lo [a Bezaleel] he llenado del Espíritu de Dios, en sabiduría y en inteligencia, en ciencia y en todo arte" (Éxodo 31:3). La obra de arte del tabernáculo (y, más tarde, del templo) era hermosa. Su arquitecto fue Dios mismo. Proporcionó instrucciones exactas y detalladas para su construcción. Por supuesto, la edificación del tabernáculo pretendía comunicar la verdad de manera simbólica y gráfica. Pero también había una dimensión de hermosura. O piensa en los Salmos y en la calidad de su poesía lírica. El carácter majestuoso de la música de adoración que caracterizaba a Israel involucraba un gran aprecio por lo hermoso.

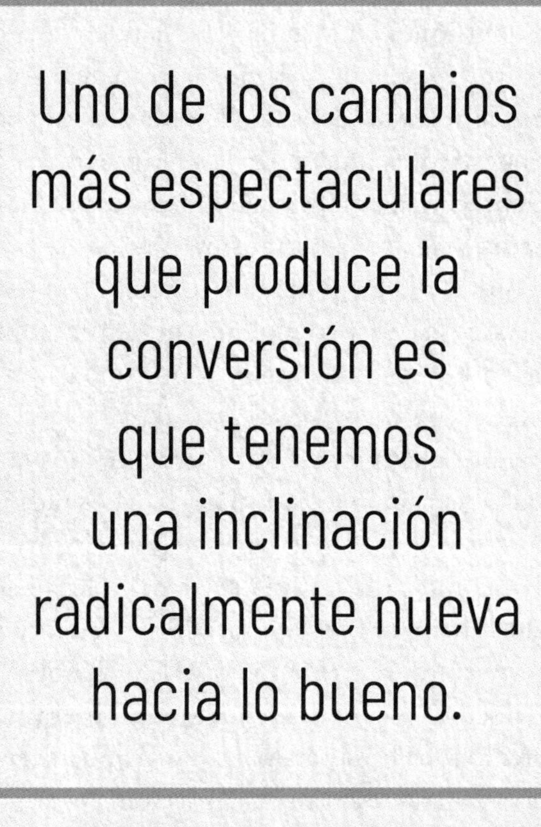

Uno de los cambios
más espectaculares
que produce la
conversión es
que tenemos
una inclinación
radicalmente nueva
hacia lo bueno.

Me gusta visitar catedrales. Experimento una sensación de trascendencia por el ambiente que comunica la arquitectura gótica en sí misma. Me quedo pensativo, contemplativo. Se centra en la naturaleza exaltada de Dios. Disfruto de la música coral de Händel, Mendelssohn y Bach, en la que el mejor arte estaba dedicado a la gloria de Dios. Muchas personas pasan por alto que Bach se oponía con desesperación a la Ilustración. Su consciente intención era que su música fuera apologética para el cristianismo.

El siguiente fruto es la fe. Se la describe como un don y un fruto a la vez. Aquí nos enfrentamos de nuevo a una de esas palabras de alcance voluminoso. Por la fe somos justificados. Por la fe somos introducidos en una relación salvífica con Cristo. Pero el significado básico del verbo griego es "creer o confiar". Tenemos una confianza creciente hacia Dios.

Con frecuencia he hecho esta distinción: una cosa es creer en Dios y otra creer a Dios. En nuestra lucha con el pecado, uno de los problemas más profundos es que fundamentalmente no creemos a Dios. En nuestra naturaleza básica, carnal, no confiamos en Él. Podríamos afirmar que creemos en Dios, pero no le creemos a Él. Si de verdad lo hiciéramos, ¿por qué pecaríamos?

¿Qué tiene el pecado que nos incita a arriesgarnos a provocar el desagrado de Dios, a actuar contra Él eligiendo la transgresión? Podrías responder: "Sencillamente deseamos pecar. Sentimos tal deseo por el pecado que quedamos atrapado en este, y por eso lo escogemos". Pero ¿por qué lo deseamos? ¿Por qué tiene el pecado tanto atractivo para nosotros? Como indiqué con anterioridad en este libro, creemos que, si cometemos un pecado en particular, seremos más felices que si no lo hacemos. Es así de simple. Pecamos, porque queremos, y queremos pecar, porque buscamos aumentar nuestra felicidad. Razonamos (de forma equivocada): "Si lo hago como Dios señala, de alguna manera seré engañado o privado de la felicidad personal".

La ley de Dios refleja su propio carácter de santidad y justicia. Es bueno, y no solo refleja su bondad; también demuestra su benevolencia. Siendo bueno, a Dios le preocupa el bienestar de sus criaturas. Su ley está designada para impedir que nos autodestruyamos, para evitar que seamos perjudicados. Es una lámpara a nuestros pies y lumbrera a nuestro camino (Salmos 119:105). Sin ella, tropezamos y caemos. Quedamos magullados y golpeados. La ley procede de la preocupación paternal y benevolente de Dios por su pueblo. Su ley refleja el amor divino y también la sabiduría divina trascendente y consumada.

En ocasiones pensamos que obedecer la ley de Dios nos impedirá ser realmente felices, pero actuar en contra de la ley es entregarnos a la infelicidad. Es imposible que el pecado aporte una felicidad verdadera y duradera. Solo provoca ruina, destrucción y miseria a la raza humana (Romanos 3:16-17). A las personas no les gusta que los predicadores hablen del pecado, pero lo que hace que la transgresión sea tan mala es que hace de menos a Dios y vulnera a las personas. Afecta al bienestar de la humanidad. Te lastimo cuando peco contra ti. Eso te priva de una parte de tu realización como ser humano. Y, de hecho, las personas que pecan contra otros se lastiman a sí mismas.

¿Por qué es tan tentador el pecado? Es importante entender una de las diferencias más importantes entre placer y felicidad. El pecado es placentero. Produce placer, pero no felicidad. Suscita el sentimiento inmediato de la diversión, el entusiasmo o la emoción. No puede hacernos sentir lo que la Biblia define como felicidad, ni tampoco proporciona la realización, la paz y el contentamiento de una vida justa. Considera tu propia vida y comprueba cuánta infelicidad te ha proporcionado el pecado. Cuando crecemos en lo espiritual, la fe se vuelve cada vez más productiva. Nuestra capacidad de creer a Dios aumenta y esto tiene un efecto directo en nuestra lucha contra el pecado.

Acabo esta sección citando a Martín Lutero sobre este fruto particular del Espíritu: "El Espíritu Santo no es un escéptico".[*] No nos proporciona un espíritu de cinismo. En su lugar, nos provee una disposición confiada con las personas. Esto podría parecer ingenuo, pero la disposición básica de nuestros corazones hacia los demás es querer darles el beneficio de la duda. Quieres confiar en los demás y ser confiable. Parte del significado de la fe es la fidelidad. Conforme crezca el fruto de la fe dentro de nosotros, no solo nos volvemos más confiados respecto a los demás, sino que también nos volvemos más confiables. Llegamos a ser fieles a nuestros votos, nuestras promesas y nuestros compromisos. Ese es el fruto de la fe.

---

[*]Martín Lutero, *La voluntad determinada* (Buenos Aires: Publicaciones El Escudo, 1976), s. p.

Mansedumbre y templanza

Esta última pareja, la mansedumbre y la templanza, se traduce en ocasioncs como "humildad" y "dominio propio". El concepto popular de la mansedumbre es alguien de personalidad insípida y pasiva, que se caracteriza por ser callado, reticente, tímido y temeroso. No sé de dónde viene esta idea, pero cuando consideramos las Escrituras, vemos que se exalta la mansedumbre como virtud. Es una palabra usada para describir a algunos de los personajes bíblicos más poderosos y fuertes.

Por ejemplo, se nos indica que "aquel varón Moisés era muy manso, más que todos los hombres que había sobre la tierra" (Números 12:3). Cuando piensas en Moisés, sin duda no te viene a la mente alguien debilucho. Su imagen es la de alguien que hizo gala de unos dones extraordinarios de liderazgo y poder. Jesús declaró sobre sí mismo: "Llevad mi yugo sobre vosotros, y aprended de mí, que soy manso y humilde de corazón" (Mateo 11:29). Vemos a Jesús depositando su bendición en esta virtud en el contexto del Sermón del Monte, cuando declaró: "Bienaventurados los mansos, porque ellos heredarán la tierra" (Mateo 5:5).

Existe una discrepancia aquí en las traducciones. Algunos traductores prefieren el término "humildad", tal vez queriendo huir de una imagen distorsionada de la mansedumbre. En el uso bíblico, la humildad y la mansedumbre no excluyen la posibilidad de la fuerza. En realidad, en el sentido real, *presuponen* fuerza. Vemos que la mansedumbre es una característica de Dios mismo. Aun cuando Él es omnipotente y su fuerza es trascendente, Él atempera esa fuerza con amabilidad o ternura.

He presentado numerosos seminarios sobre el matrimonio. Una de las preguntas que suelen surgir va dirigida a las mujeres: "¿Qué rasgos son más deseables en los hombres?". Es asombroso, sin importar la cantidad de grupos distintos a los que se les formula esa pregunta, ciertas cualidades surgen siempre de estas exposiciones. El primer deseo que las mujeres expresan es la combinación de dos cualidades: la fuerza y la ternura. Una mujer lo explicó de este modo: "Quiero que mi hombre sea fuerte y tierno". Cuando estamos hablando del fruto espiritual de la mansedumbre, nos estamos refiriendo a la dimensión de personalidad que no niega la fuerza. La complementa.

Cuanto más poder o autoridad tengas, más necesitas combinarlos con la gracia y la mansedumbre. El Espíritu Santo es el Espíritu de poder. Hechos 1:8 afirma: "Recibiréis poder, cuando haya venido sobre vosotros el Espíritu Santo". Su poder es asombroso, pero el Espíritu no intimida. Los métodos y las tácticas de la intimidación no representan el fruto del Espíritu Santo. Podemos tener autoridad y posiciones de poder, pero necesitamos emparejarlas con la humildad y la mansedumbre.

¿Cuál es la diferencia entre un político y un diplomático? El segundo tiene el mismo grado de poder y autoridad, pero tiene gracia, es amable y considerado cuando ejerce esa autoridad. Existe un cierto sentido en el que, cuanto más poder tienes, más fácil te resulta tener gracia. Si estás seguro en tu autoridad y tu posición, no necesitas andar demostrando constantemente cuánto poder posees. Te puedes permitir ser comprensivo. Por el contrario, las personas inseguras son acosadoras y usan tácticas de intimidación, y esto es un mal sustituto del respeto. Pero Jesús no hostigó con su poder. Tuvo la fuerza de controlar su propia fuerza.

Lo opuesto a la ternura es la aspereza. El fruto del Espíritu no produce una personalidad áspera, la cual es agresiva, combativa, conflictiva y amiga de las discusiones. La persona amable y mansa no es tosca. Esto es lo que quiero decir con áspera. Es como el papel de lija que, con sus bordes ásperos, siempre produce un roce que irrita a las personas en lugar de tener dimensiones tranquilas y fluidas dentro de su personalidad.

Finalmente, la mansedumbre es lo opuesto a la arrogancia. El Espíritu Santo no es el Espíritu de la arrogancia, sino de la confianza. Estas dos cualidades suelen confundirse. Existe una línea muy fina entre la confianza y la arrogancia, pero podemos afirmar esto: las personas con confianza tienen una actitud pacificadora. Están convencidas de que pueden hacer el trabajo. Están seguros en sus responsabilidades. Esta es una noble virtud. Cuando el Espíritu Santo es derramado en nuestros corazones, nos proporciona el espíritu de confianza: "en quietud y en confianza será vuestra fortaleza" (Isaías 30:15).

No debemos intimidar, pero tampoco debemos ser intimidados. Debemos caminar por la vida con un espíritu de tranquila confianza dentro de nosotros, sabiendo de dónde viene nuestra fuerza. Por otra parte, la arrogancia es una falsa representación de la confianza. Una persona verdaderamente segura no es arrogante. Este defecto es la

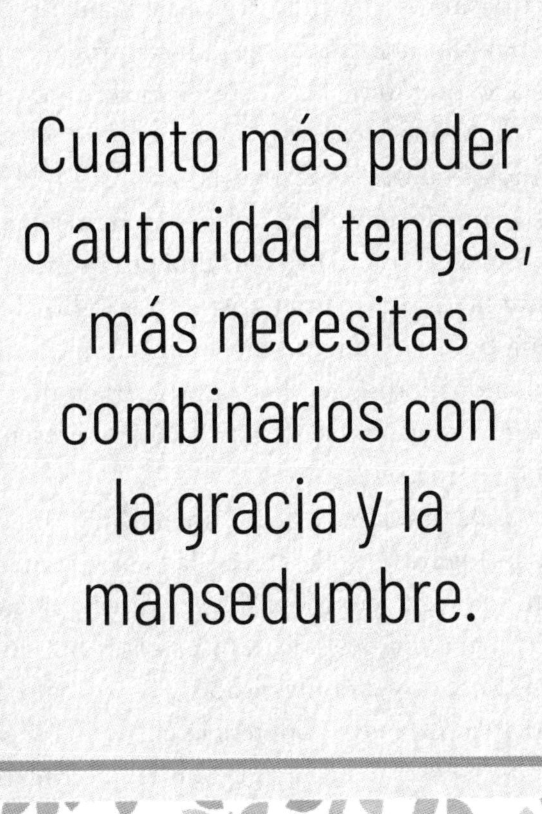

Cuanto más poder
o autoridad tengas,
más necesitas
combinarlos con
la gracia y la
mansedumbre.

manifestación de una falsa confianza en la que fingimos tener el control de las cosas. Nos entregamos a la capacidad excesiva y a las tácticas de la intimidación. En su lugar, Dios nos llama a ser amables. Y, por supuesto, la bondad y la amabilidad van de la mano.

Ahora pasamos al último fruto del Espíritu; para ser manso y templar nuestra fuerza con ternura necesitamos templanza o dominio propio. El Espíritu Santo no es autor de confusión y caos, sino más bien de orden y paz (1 Corintios 14:33). Tal vez hayas oído cómo el mundo corporativo puede ser un lugar de tan intensa competición que se le asemeja a una selva: "Es una pura selva". Es una interesante metáfora para el cristiano a la luz de que el paradigma para la vida y la creación sea un jardín. Los seres humanos fueron creados y ubicados en un jardín y, sin embargo, describimos nuestra situación presente en la vida como en una selva.

¿Cuál es la diferencia entre un jardín y una selva? Ambos son lugares donde crecen las cosas. Ambos son sitios donde la vegetación es visible. La discrepancia es que en la selva hay animales salvajes y en el jardín, de haberlos, están domados y domesticados. Están bajo control y se contienen. La mayor diferencia entre una selva y un jardín es la que existe entre el crecimiento controlado y ordenado frente al crecimiento salvaje, caótico. Una selva es un jardín que se ha asilvestrado. No hay filas de plantas, sino malas hierbas y maleza. Es un lugar de desorden, de falta de armonía y que se produce cuando no hay control ni restricción.

Es característico del cristiano en crecimiento desarrollar

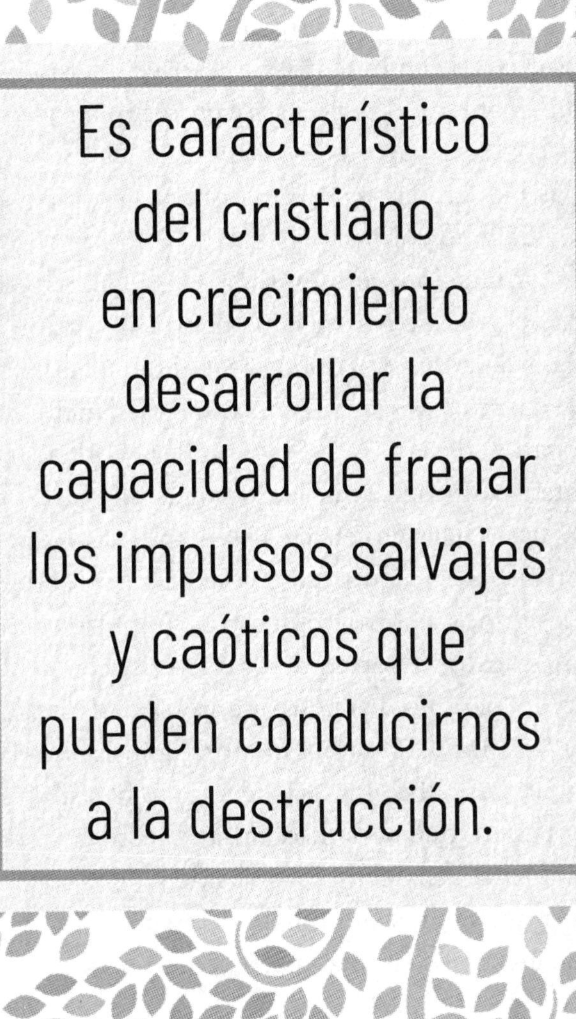

Es característico
del cristiano
en crecimiento
desarrollar la
capacidad de frenar
los impulsos salvajes
y caóticos que
pueden conducirnos
a la destrucción.

la capacidad de frenar los impulsos salvajes y caóticos que pueden conducirnos a la destrucción. Esto es lo que tanto asusta respecto a la ética cultural que afirma: "Obtiene todo lo que puedas, mientras puedas"; satisfacer todos los impulsos en el momento, sin restricción, disciplina ni dominio propio. Las personas se entregan a todo tipo de juergas con sexo, drogas, comida, etc. Sin embargo, las personas moderadas muestran dominio propio. Mantienen su vida bajo control.

A continuación, una última ilustración, esta vez tomada del golf. La revista *Golf* tiene una sección de una página en cada número donde preguntan a las celebridades que juegan a este deporte: "¿Cuál es el mejor consejo que te han dado jamás?". Si yo pudiera contestar a esta pregunta, yo afirmaría que la clave más valiosa del golf es esta: "Que no haya violencia en el swing". Cuando este se descontrola, te encuentras de inmediato con el desastre.

Necesitamos controlar nuestros impulsos violentos y salvajes. Estos podrían ser características de la persona caída, pero no de nuestro santo Dios. Santiago 1:20 declara: "La ira del hombre no obra la justicia de Dios".

Acabaré este libro resumiendo cómo buscar la madurez, de manera que podamos amar la justicia y crecer en esta. La forma de hacerlo es creyendo a Dios. Del mismo modo en que hemos sido justificados por la fe, también por la fe crecemos en una justicia como la de Cristo.

8

Madurando en Cristo

A lo largo de este libro hemos visto una estrecha conexión entre el fruto del Espíritu en Gálatas 5 y el extraordinario capítulo del amor en 1 Corintios 13. Primero consideramos la exposición del amor de este capítulo y, a continuación, examinamos el fruto del Espíritu en Gálatas 5. En esta última porción, quiero volver a la parte final de 1 Corintios 13, un pasaje que no hemos analizado aún:

> El amor nunca deja de ser; pero las profecías se acabarán, y cesarán las lenguas, y la ciencia acabará. Porque en parte conocemos, y en parte profetizamos; mas cuando venga lo perfecto, entonces lo que es en parte se acabará (1 Corintios 13:8-10).

Esta porción de texto indica que nos dirigimos hacia nuestra esperanza escatológica final. Aquí, el fruto del Espíritu alcanzará su consumación. Somos justificados, como hemos considerado brevemente, y esta justificación va seguida del proceso de la santificación. Esto ha ocupado el escenario central de este libro.

Sin embargo, la santificación tiene un punto supremo final en la obra de gracia que llamamos glorificación. Es cuando todo pecado será erradicado de nuestra personalidad. Viviremos vidas total y completamente en conformidad con la voluntad de Dios en perfecta justicia. Esperamos ser santificados de un modo pleno y definitivo, no en esta vida, sino en el cielo. Dios completará este proceso. Nos purificará a la perfección.

La forma de volvernos puros es mirando a Cristo y a Dios: "Mirad cuál amor nos ha dado el Padre, para que seamos llamados hijos de Dios... aún no se ha manifestado lo que hemos de ser, pero sabemos que cuando él se manifieste, seremos semejantes a él, porque le veremos tal como él es" (1 Juan 3:1-2). Este proceso empieza incluso ahora (ver 2 Corintios 3:18). Nadie verá a Dios en este mundo, porque Él es tan puro que no puede ni contemplar nuestro pecado (Habacuc 1:13). Pero se nos ha prometido esta visión beatífica. Se nos ha prometido la gloria y el gozo supremos de ver a Dios cara a cara y contemplarle tal como Él es.

¿No resulta curioso que esta experiencia del cumplimiento de la gloria para nosotros esté vinculado a un momento de purificación? Me pregunto si Dios lleva a cabo nuestra glorificación para que podamos mirarle a Él a la cara. Este parece ser el patrón que encontramos en las Escrituras. O tal vez la pureza misma que nuestros ojos contemplen al verle a Él será, de alguna manera, ese paso final de la santificación. Quizás el mero hecho de estar allí, bañado en la luz de la gloria de Cristo y de Dios, realizará la purificación final de nuestras almas.

A continuación, en 1 Corintios 13:11, leemos esta declaración clásica: "Cuando yo era niño, hablaba como niño, pensaba como niño, juzgaba como niño; cuando ya fui hombre, dejé lo que era de niño". Pensar como niño, entender como niño, actuar como un niño es perfectamente adecuado para los chiquillos, pero sería del todo inapropiado ver a un adulto que se comporte así de forma deliberada. Pensaríamos (y con razón) que algo no va bien.

Por todo el mundo cristiano, muchos cometen un grave error en este punto. Encontramos personas que tienen una alergia integrada al estudio serio, formal y diligente de la Palabra de Dios. Una y otra vez se amparan en esta excusa: "No necesito estudiar la Biblia en serio, porque quiero conservar un espíritu y una fe como las de un niño. Quiero mantener la sencillez". Esto *no* es una expresión de madurez cristiana.

¿De dónde procede este mal entendimiento? La Biblia *sí* nos llama a ser como niños. Debemos ser como ellos si queremos entrar en el reino de Dios, como Jesús nos enseñó. ¿Recuerdas la historia? Los discípulos habían estado discutiendo sobre quién sería el mayor en el reino de Dios, y Jesús los dejó pasmados al poner a un niño pequeño en medio de ellos y señalar: "De cierto os digo, que si no os volvéis y os hacéis como niños, no entraréis

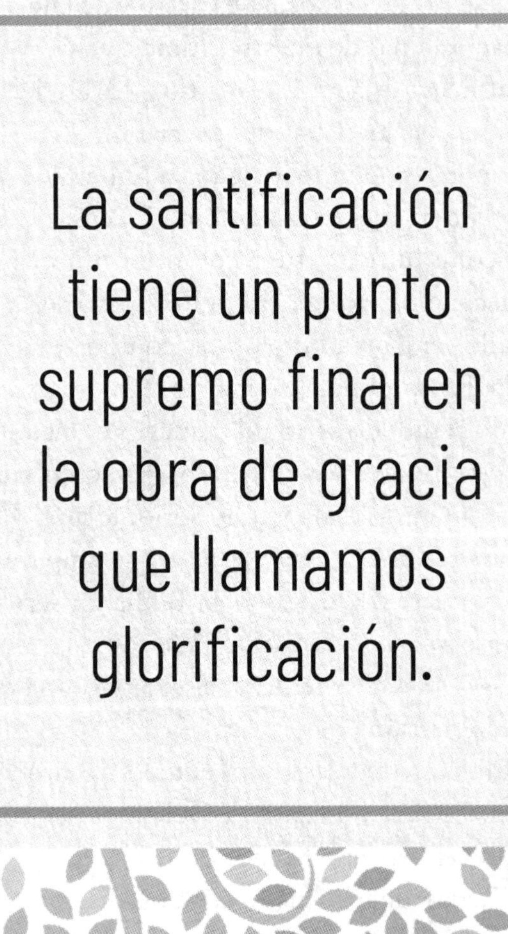

La santificación tiene un punto supremo final en la obra de gracia que llamamos glorificación.

en el reino de los cielos" (Mateo 18:3). Se nos ha llamado una y otra vez a este espíritu como el de un niño.

No obstante, existe una diferencia importante entre *como un niño* e *infantil*. El Espíritu Santo *no* es infantil. Ser como un niño significa que, en algunas cosas, se nos pide que nos parezcamos a los chiquillos. Cuando escuchamos y obedecemos a Dios, deberíamos ser como críos pequeños. En ocasiones pueden tener una confianza y una fe absolutas y ciegas en sus padres. Los niños expresan una confianza prácticamente implícita en las palabras de sus padres. Los niños tienen una sensación de asombro hacia la autoridad parental. Piensa en las numerosas formas en que son dependientes de sus padres.

Cuando se nos insta a tener la fe de un niño, no significa que tenga que ser una fe simplista o desinformada. Significa que debemos tener la misma clase de confianza en nuestro Padre celestial que tiene el niño confiado. Debemos fiarnos de Dios de manera implícita, y esto no es poco razonable ni supersticioso. En realidad, cuanto más maduro sea tu entendimiento intelectual de Dios, mayor debería ser tu sumisión a su autoridad, como la sumisión del niño. Cuanto más comprendas el carácter divino, más incoherente será el pensamiento racional de que Dios pudiera engañarte. Su historial es perfectamente coherente.

La razón por la que los niños pierden la confianza en sus padres es que empiezan a ver que, en realidad, sus padres cometen errores; pero ¿qué hemos aprendido de nuestro Padre celestial? Cuanto más profundo sea nuestro entendimiento de las cosas de Dios, más parecida a la de un niño será nuestra sensación de asombro. Apreciamos del modo adecuado la veracidad, la integridad y la benevolencia de Dios y, en ese sentido, somos llamados a ser como niños.

La Biblia nos llama a ser como niños en otro sentido más. Nos insta: "Sed niños en la malicia" (1 Corintios 14:20). Casi parece un compromiso, ¿no es así? Las Escrituras reconocen que los bebés nacen con el pecado original y no son inocentes de maldad (Salmos 51:5). Sin embargo, no merece la pena comparar la capacidad destructora del pecado de un pequeño de dos años con la de la transgresión de alguien de treinta y dos. Los pecados de los bebés son cándidos, ingenuos. Son transgresiones, claro está, pero relativamente hablando son mucho menos dañinas que las perpetradas por los adultos. Un niño de dos años no comete asesinato, no roba bancos ni desfalca dinero. La idea es que, aunque sigamos pecando, no lo hagamos de forma compleja.

Es necesario leer el resto del versículo para ver lo que Pablo explica. Escribe: "Sed niños en la malicia, pero maduros en el modo de pensar" (1 Corintios 14:20). Si el fruto del Espíritu tiene que crecer hasta su plenitud —a la madurez—, se exige una comprensión madura de las cosas de Dios. Sí, cuando yo era niño, me comportaba, hablaba y pensaba como un niño, pero ya no lo soy. Por consiguiente, no se me llama a un entendimiento infantil de la mente de Cristo ni de la Palabra de Dios. Nuestro llamado es a crecer hacia la plenitud de Cristo. Pablo indica de manera específica: "Hablamos sabiduría" entre los "que han alcanzado *madurez*" (1 Corintios 2:6). Es

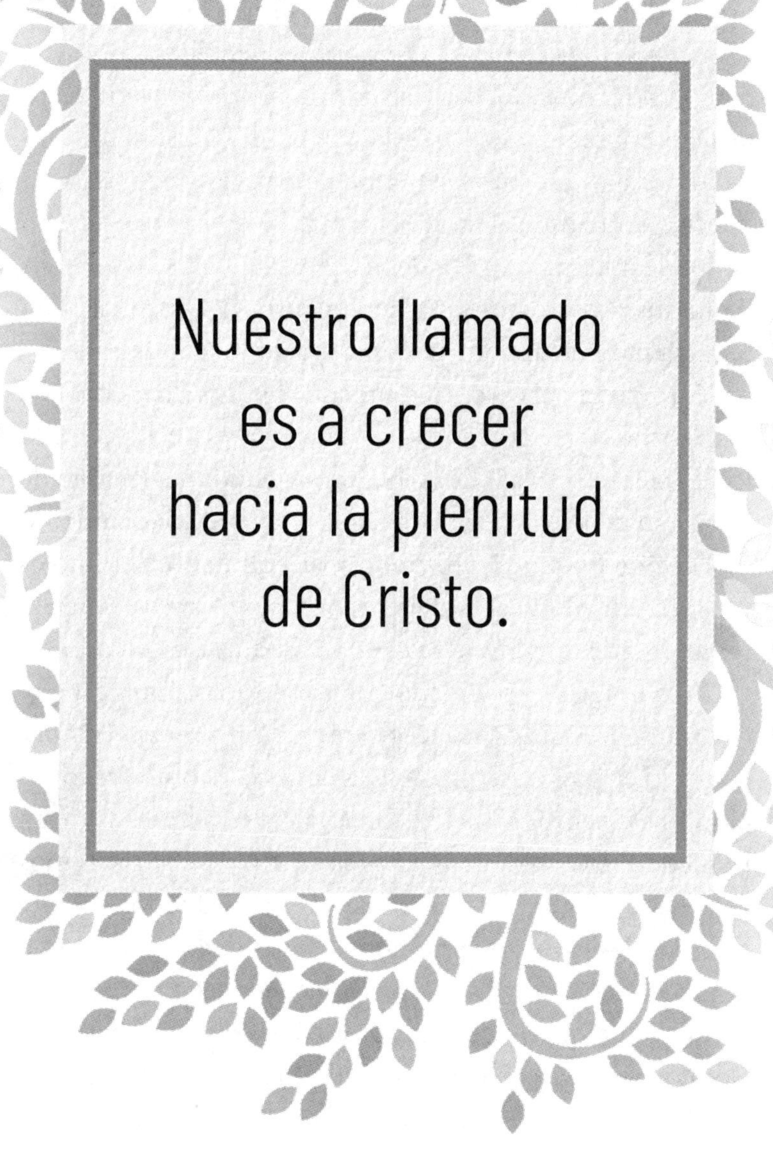

Nuestro llamado
es a crecer
hacia la plenitud
de Cristo.

allí donde nace el fruto mientras vamos en pos del poder redentor en este mundo.

Por tanto, no seamos intelectualmente perezosos. Dios no nos dio su Palabra en un mero resumen de una página. El mensaje básico de la salvación es sencillo. Lo puede comprender un niño. Pero las profundidades y las riquezas de Dios contenidas en la revelación bíblica son tan profundas y hondas que pueden mantener ocupada a la persona más brillante durante toda una vida, y no habrá acabado de sondear las profundidades de esa revelación. Así, somos llamados a perseguir el conocimiento de Dios con toda nuestra mente para que podamos tener un entendimiento maduro de Él. ¿Acaso no reprende el autor de Hebreos a los cristianos de su época por quedar satisfechos con la leche (Hebreos 5:12)? Es un pecado descuidar la Palabra de Dios. No debemos negarnos a aplicarnos al conocimiento de Dios de un modo profundo y disciplinado. Esto no es una virtud; es nuestro deber. Dios nos llama a tener la humildad de un niño y, a la vez, la madurez de un adulto.

Pablo sigue escribiendo: "Ahora vemos por espejo, oscuramente; mas entonces veremos cara a cara. Ahora conozco en parte; pero entonces conoceré como fui conocido" (1 Corintios 13:12). Una vez más, el apóstol está poniendo ante nosotros el premio futuro. No seremos capaces de entender todos los misterios divinos en este mundo, desde luego, pero no debemos contentarnos con la ignorancia. En muchas ocasiones les señaló a sus lectores que no quería que ignoraran o desconocieran (p. ej., Romanos 1:13; 1 Corintios 12:1; 1 Tesalonicenses 4:13). Dios Espíritu Santo es el maestro de la Palabra de Dios.

Él es quien enseña la verdad (Juan 14:26), y el Espíritu nos fue dado para que pudiéramos conocer estas cosas (1 Corintios 2:12). Cuando conocemos la verdad, esta nos libera y alimenta nuestras almas (Juan 8:32).

¡Crece!

Llegamos ahora a la sección final de este libro. Nuestro tema ha sido perseguir la santificación para poder crecer a semejanza de Cristo y ser agradables a sus ojos. Para acabar, quiero hacer este sencillo llamamiento: *Persigue el amor con paciencia*. Si queremos que se produzca la madurez plena del fruto, este debe ser nutrido. Alcanzar la madurez requiere tiempo. Si has intentado alguna vez cultivar un fruto, sabrás lo que digo.

Parece como si todos estuvieran buscando un atajo para apresurar el proceso de la santificación. Queremos tener un crecimiento y una gratificación instantáneos. Queremos convertirnos en un cristiano que lleva fruto en cinco lecciones fáciles, pero no existe sustituto del método clásico y tradicional de crecimiento en el Espíritu Santo. Algunos cristianos creen que, si alguien les impone manos, serán transformados de inmediato en cristianos maduros. Eso no es verdad.

Existe una razón por la que la Biblia denomina "ancianos" a los líderes espirituales de la iglesia. Por norma, el crecimiento en la gracia requiere tiempo. Para alcanzar ese nivel de madurez cristiana se necesita tiempo. Es preciso un tiempo de puesta a prueba paciente antes de que se le asigne a alguien el liderazgo de una iglesia local. Por supuesto, hay personas extraordinariamente talentosas y maduras a una edad joven. Timoteo fue una de ellas. Por esta razón, Pablo le recomendó: "Ninguno tenga en poco tu juventud" (1 Timoteo 4:12). Conocemos a personas que, a pesar de ser más mayores, siguen siendo infantiles en su entendimiento, pero son excepciones. La mayor parte del tiempo respetamos a nuestros ancianos por la riqueza de su experiencia y porque sin duda tienen una sabiduría acumulada a lo largo de todos esos años que nos pueden enseñar. Me encanta la analogía de Pablo cuando escribe: "Ahora vemos por espejo, oscuramente… Ahora conozco en parte" (1 Corintios 13:12). El apóstol era el teólogo de mayor conocimiento de toda la historia, aparte de Jesús. ¿No es asombroso que cuanto más mayor se hacía, más madurara en su propio entendimiento de la fe? Cuanto más sabía, más se percataba de lo que no sabía.

Cuando me uní a la iglesia por primera vez, tuve que hacer un voto, que incluía la promesa delante de Dios de hacer un uso diligente de los medios de gracia. Es importante destacar esto. No solo tenemos que hacer uso de los medios de gracia, sino que debe ser un uso *diligente*. Si los descuidamos, nuestro fruto será superficial en el mejor de los casos. Pero si quieres un fruto saludable, comestible, sabroso, debes prestar una atención diaria al huerto.

¿Cuáles son estos medios de gracia? Sabes cuáles son: la oración, meditar en la Biblia, los sacramentos, la comunión. Y quiero resaltar esta última. Tienes que mantener comunión con otros cristianos genuinos si quieres producir fruto. No puedes recorrer la vida cristiana aislado. Necesitas al cuerpo de Cristo. Precisas la disciplina de la iglesia. Tienes que servirla. El servicio a Dios es un medio de gracia. Dar testimonio nos ayuda a llevar fruto. Estar involucrado en la obra de Cristo produce fruto, no solo para el reino de Dios, sino también en tu propia alma. No descuides los medios de gracia. Haz un uso diligente de estas cosas en tu vida para que el fruto de Cristo pueda perfeccionarse en tu vida.

Acabo este libro donde Pablo pone fin a 1 Corintios 13: "Y ahora permanecen la fe, la esperanza y el amor, estos tres; pero el mayor de ellos es el amor" (1 Corintios 13:13). El apóstol reduce todas las virtudes a tres: la fe, la esperanza y el amor. Sin embargo, acto seguido les proporciona un valor jerárquico indicando que la mayor de todas las virtudes cristianas —la prueba suprema de madurar en Cristo— es el amor.

La fe de la que habla el apóstol es sumamente vital para la totalidad de la vida cristiana. Es el medio por el cual estamos en primer lugar conectados a Cristo y es nuestra forma de seguir: "El justo por la fe vivirá" (Romanos 1:17). La esperanza sobre la que Pablo escribe no es del tipo que usamos en nuestro lenguaje. Afirmamos cosas como: "Desconozco lo que va a suceder mañana, pero *espero* que todo salga bien". En nuestro vocabulario, la esperanza tiende a expresar un deseo. En el Nuevo Testamento se la describe como "segura y firme ancla del alma" (Hebreos 6:19). No es un mero deseo ni un sueño. Es algo absolutamente seguro (Filipenses 1:20). Apunta a promesas divinas no cumplidas aún, pero infalibles.

Estas tres virtudes son elevadas al nivel de la supremacía para los creyentes. Un cristiano es alguien que tiene fe. Es una persona que tiene esperanza. Pero, por encima de todo, como cristianos somos personas que tenemos el amor de Cristo derramado en nuestros corazones (Romanos 5:5). Si queremos crecer en la semejanza de Cristo, si queremos tener la confianza de estar en Él, tenemos que perseguir el amor con diligencia. No hay nada mayor.

Sobre el autor

El doctor R. C. Sproul (1939–2017) fue el fundador de los ministerios Ligonier, una organización cristiana internacional de discipulado situada cerca de Orlando, Florida. Fue pastor fundador de Saint Andrew's Chapel en Sanford, Florida, primer presidente del Reformation Bible College y editor ejecutivo de la revista *Tabletalk*.

Los ministerios Ligonier comenzaron en 1971, como el Ligonier Valley Study Center en Ligonier, Pennsylvania. En un esfuerzo por responder con mayor eficacia a la creciente demanda de las enseñanzas del Dr. Sproul y de los demás recursos educativos del ministerio, las oficinas generales fueron trasladadas a Orlando en 1984, y el ministerio recibió un nombre nuevo.

El programa radiofónico del Dr. Sproul, *Renewing Your Mind [Renovando tu mente]* se sigue emitiendo a diario por centenares de emisoras de radio de todo el mundo, y también se puede escuchar en línea. El Dr. Sproul produjo centenares de series de conferencias y grabó numerosas series de video sobre temas como la historia de la filosofía, la teología, el estudio bíblico, la apologética y la vida cristiana.

Fue autor de numerosos artículos para publicaciones evangélicas nacionales; habló en conferencias, iglesias e instituciones académicas por todo el mundo; y escribió más de un centenar de libros, entre ellos *La santidad de Dios*, *Escogidos por Dios* y *Todos somos teólogos*. El Dr. Sproul firmó la Declaración de Chicago Sobre la Inerrancia Bíblica de 1978, y escribió un comentario sobre ese documento. Sirvió, asimismo, como editor general de la *Biblia de estudio de la Reforma*.

El Dr. Sproul desarrolló una carrera académica distinguida de enseñanza en diversas universidades y seminarios, entre ellos el Reformed Theological Seminary de Orlando, Florida y Jackson, Mississippi. Fue anciano-maestro de la Iglesia Presbiteriana en Estados Unidos.

Cómo defender su fe es un estudio de la historia y los fundamentos de la apologética. El doctor Sproul muestra cómo la razón y las investigaciones científicas pueden ser aliadas en la defensa de la existencia de Dios y los reclamos históricos y legítimos de Jesucristo. Los lectores que buscan defender la fe a través de argumentos lógicos y bíblicos encontrarán en este libro un recurso indispensable.

EDITORIAL PORTAVOZ

NUESTRA VISIÓN

Maximizar el efecto de recursos cristianos de calidad que transforman vidas.

NUESTRA MISIÓN

Desarrollar y distribuir productos de calidad —con integridad y excelencia—, desde una perspectiva bíblica y confiable, que animen a las personas a conocer y servir a Jesucristo.

NUESTROS VALORES

Nuestros valores se encuentran fundamentados en la Biblia, fuente de toda verdad para hoy y para siempre. Nosotros ponemos en práctica estas verdades bíblicas como fundamento para las decisiones, normas y productos de nuestra compañía.

Valoramos la excelencia y la calidad.
Valoramos la integridad y la confianza.
Valoramos el mérito y la dignidad de los individuos y las relaciones.
Valoramos el servicio.
Valoramos la administración de los recursos.

Para más información acerca de nuestra editorial y los productos que publicamos visite nuestra página en la red: www.portavoz.com.